AI와 여성의 사회 진출

AI문고

인공지능 시대입니다. 기계가 인간의 인지를 대신하고, 사물이 인간을 통하지 않고 다른 사물과 직접 커뮤니케이션합니다. 이에 따른 인간 삶과 문명 변화를 정확히 이해·예측·대응하는 것은 이 시대 우리 모두의 과제입니다. AI문고는 인공지능 기술과 환경의 여러 주제를 10가지 키워드로 정리합니다. 관련 개념과 이론, 학계와 산업계의 쟁점, 우리 일상의 변화를 다룹니다. 인간과 기술의 현재, 미래를 세심히 분석합니다.

일러두기

- 인명, 작품명, 저서명, 개념어 등은 한글과 함께 괄호 안에 해당 국가의 원어를 병기했습니다.
- 외래어 표기는 현행 어문규정의 외래어표기법을 따랐습니다.
- 참고문헌은 각 장마다 따로 표시하지 않고 마지막 장에 일괄 기재했습니다.

처음이세요?

전문가세요?

AI와 여성의 사회 진출

김해숙

대한민국, 서울, 커뮤니케이션북스, 2026

AI와 여성의 사회 진출

지은이 김해숙
펴낸이 박영률

초판 1쇄 펴낸날 2026년 1월 29일

커뮤니케이션북스(주)
출판 등록 2007년 8월 17일 제313-2007-000166호
02880 서울시 성북구 성북로 5-11
전화(02) 7474 001, 팩스(02) 736 5047
commbooks@commbooks.com
www.commbooks.com

ISBN 979-11-430-1789-5 03500

책값은 뒤표지에 표시되어 있습니다.

차례

기술 변화 시대, 여성의 역할을 다시 묻다

기술 변화의 거대한 물결은 인류 사회에 새로운 가능성을 약속한다. 그러나 그 혜택이 모두에게 공평하게 돌아갈지는 여전히 불투명하다. 이 거대한 변화의 시대에 여성의 역할을 재정의하는 일은 더욱 중요하다. 여성은 단순한 수혜자나 피해자가 아니라 기술의 방향과 결과를 결정하는 설계자이자 주체로 자리해야 한다.

AI는 더 이상 미래의 상징이 아니다. 이제는 일상의 구조를 재편하고, 노동의 방식을 새롭게 만드는 실질적인 기술이다. 알고리즘은 우리의 선택을 예측하고, 자동화는 일의 경계를 다시 설정하며, 데이터는 인간의 경험을 기록하는 새로운 방식이 되고 있다. 이러한 흐름 속에서 여성의 사회적 위치는 이전과는 다른 방식으로 재조정되고 있다.

AI는 여성에게 기회가 될 수도 있고, 새로운 차별이 될 수도 있다. 원격 근무와 유연 근무제는 돌봄과 가사를 이중 부담으로 짊어져 온 여성들에게 한숨 돌릴 여지를 마련했다. 동시에 알고리즘 속 성별 편향은 채용과 승진의 공정성을 흔들 수 있다. 여성의 사회 진출이라는 오래된 과제가 AI라는 신기술과 만나는 순간, 우리는 다시 질문하게 된다.

기술 전환기의 체감

우리는 이미 인공지능과 함께 일하고, 선택하고, 판단 받는 시대에 들어섰다. 그러나 이 변화는 아직 충분히 언어화되지 않았다. 많은 사람들에게 AI는 여전히 '전문가의 영역'이거나 '먼 미래의 이야기'로 남아 있다.

하지만 현실에서 AI는 이미 채용 서류를 분류하고, 대출 가능성을 계산하며, 돌봄의 우선순위를 정하고, 학습 능력을 평가한다. 기술은 조용히 기준이 되었고, 인간은 그 기준에 적응하는 존재가 되었다. 문제는 이 기준이 어디에서 왔는가다.

AI는 스스로 세상을 이해하지 않는다. 과거의 데이터, 기존의 제도, 이미 형성된 사회 질서를 학습할 뿐이다. 다시 말해, 우리가 살아온 불평등한 사회의 구조는 기술 속에 고스란히 입력된다. 그리고 그 결과는 '자동화된 판단'이라는 이름으로 개인의 삶에 되돌아온다. 이때 차별은 의도가 아니라 확률로, 폭력은 명령이 아니라 시스템으로 작동한다.

이 변화는 특히 여성의 삶과 깊이 맞닿아 있다. 노동시장, 돌봄, 교육, 경력의 단절과 재진입, 시간의 분절화 같은 문제들은 이미 오랫동안 여성의 몫이었다. AI는 이 구조를 해체할 수도 있지만, 아무 개입 없이 작동할 경우 오히려 그 구조를 더 정교하게 고착시킬 위험도 안고 있다. 기술이 중립적이라는 믿음은 이 지점에서 가장 위험해진다.

지금은 'AI를 사용할 것인가 말 것인가'를 고민할 시점이 아니다. 이미 사용되고 있기 때문이다. 남은 질문은 하나다. 누가, 어떤 기준으로, 이 기술을 설계하고 통제하는가. 그리고 그 질문의 한가운데에 여성의 역할이 놓여 있다.

이 책은 하나의 질문에서 출발한다.

AI는 기존의 성별 불평등을 완화하는 기술인가, 아니면 새로운 방식으로 고착시키는 시스템인가.

기술 변화의 속도는 언제나 사회의 상상력을 앞질러 왔다. 인공지능 역시 예외가 아니다.

이 기술은 누구를 위한 것인가. 평등을 넓히는가, 아니면 불

평등을 정교하게 재생산하는가

이 책은 이 질문에 단순한 찬반의 답을 내리지 않는다. 기술을 낙관하거나 비관하는 데 머무르지 않는다. 대신 AI 시대 여성의 사회 진출이 어떤 의미를 갖는지, 과거의 역사와 현재의 변화를 함께 비추며 분석하고자 한다. AI 확산이 여성의 노동, 돌봄, 교육, 리더십, 경제 참여에 어떤 구조적 변화를 만들어 내는지 분석하고, 기술의 방향을 인간적인 나침반으로 조정하기 위해 무엇이 필요한지를 탐구한다.

AI의 확산은 과거의 기술 혁명과 달리 여성 고용에 긍정적 신호를 제공하는 새로운 패턴을 보이고 있다. 이는 기술이 단순한 위협이 아닌 기회가 될 수 있음을 시사한다. 일상 속 AI의 침투가 여성의 삶과 노동을 어떻게 바꾸고 있는지, 그리고 기술의 방향을 인간의 나침반으로 조정하기 위해 여성들이 어떤 위치에 설 수 있는지 탐구한다. 여성은 더 이상 기술의 수혜자나 피해자로 머물 수 없다. 이제는 기술의 결과를 결정하는 설계자이자 주체로 자리해야 한다.

역사적 맥락 속에서 본 AI 시대의 특수성

인류는 수천 년의 역사 속에서 농업, 산업, 정보 혁명 등 여러 차례의 기술 변환기를 겪어왔으며, 그때마다 사회와 일상의 구조는 근본적으로 변화했다. 또한 그 과정에서 기술은 언제나 새로운 가능성과 함께 새로운 불평등을 만들어 냈다. 산업화 시대 여성은 노동시장에 진입했지만 저임금과 열악한 환경에 고착되었고, 정보화 시대에도 경력 단절과 유리천장은 쉽게 사라지지 않았다.

AI 시대 역시 다르지 않다. 기술은 중립적이지 않으며, 사회의 과거를 데이터로 학습한다. AI는 오랜 시간 누적된 성별 임금 격차, 경력 단절, 돌봄의 불균형을 그대로 반영하거나 증폭시킬 위험을 안고 있다. 동시에 원격 근무, 자동화, 플랫폼 기술은 여성의 노동 참여 방식을 새롭게 설계할 잠재력도 지닌다. 이 책은 이 가능성과 위험이 교차하는 지점에서 AI 시대 여성의 사회적 역할을 입체적으로 살펴본다.

문제의식: 비중립적인 기술, 주체로서의 여성

이 책은 기술이 결코 중립적이지 않다는 전제에서 출발한다. AI를 비롯한 디지털 시스템은 인간이 설계하고, 인간의 데이터를 학습해 만들어진다. 따라서 그 안에는 사회가 가진 가치, 편견, 구조적 불평등이 자연스럽게 반영된다. 만약 AI 개발과 정책 결정 과정에서 여성의 참여가 제한된다면, 여성의 경험과 관점이 배제된 기술 질서가 고착될 가능성은 더욱 커진다.

기술의 방향을 결정하는 것은 결국 기술을 설계하고 사용하는 사람들이다. AI 시대의 성평등은 윤리적 구호가 아니라 구조적 선택의 문제다. 기술이 인간의 능력을 확장하는 방향으로 작동하기 위해서는, 설계 단계부터 다양한 삶의 경험이 반영되어야 한다.

여성은 기술의 주변부가 아니라 기술의 기준과 윤리를 정의하는 중심에 서야 한다. 이것은 여성만을 위한 요구가 아니라 지속 가능하고 인간다운 사회를 위한 조건이다.

이 책을 쓰게 된 이유

《AI와 여성의 사회 진출》은 단순히 여성을 독려하기 위한 책이 아니다. 이 책은 기술 전환기 사회의 기준을 다시 설정하기 위한 문제 제기다. AI가 구조적 불평등을 해소할 실마리가 될 수 있는지, 그렇지 않다면 기술이 새로운 차별을 자동화하는 것을 막기 위해 우리는 무엇을 선택해야 하는지를 묻기 위해 이 책을 썼다.

여성에 대한 이야기를 하다 보면 결국 사회적이고 제도적인 문제 앞에 직면하게 된다. 앞으로 올 AI 시대 사람의 역할은 여성이 답이 될 수 있다는 확신이 들었다. 감히 주장해 본다. 세상의 답은 여성이다.

여성의 문제를 들여다보면 결국 사회의 구조와 제도의 문제에 닿는다. 돌봄, 노동, 교육, 리더십의 문제는 모두 연결되어 있으며, 그 교차점에서 여성의 경험은 중요한 기준이 된다. 앞으로의 AI 시대에서 인간의 역할, 관계의 가치, 책임의 방향을 다시 설정하는 데서 여성의 관점은 선택이 아니라 필수다.

열 개 아이템 선정 기준

이 책은 AI 시대 여성의 역할을 재정의하고 공정한 기술 미래를 설계하기 위한 실천적 논의를 10개의 핵심 주제(아이템)로 나누어 제시한다.

구조적 영향력(Structural Impact)

AI가 여성의 삶과 노동에 미치는 영향 중 단순한 현상을 넘어 사회/경제 구조 자체를 변화시키는 주제를 우선 선정한다(예: 노동시장의 구조적 변화, 돌봄 노동의 재정의).

기회와 위험의 균형(Opportunity &Risk Balance)

AI가 여성에게 제공하는 새로운 기회와 기존 불평등을 심화시키는 위험 요소를 모두 다루어 균형 잡힌 시각을 제공하는 주제를 포함한다(예: 디지털 전환과 여성의 새로운 기회, AI 편향과 젠더 불평등).

주체적 역할 강조(Emphasis on Agency)

여성이 기술의 수혜자/피해자가 아닌, 기술과 사회 변화를 이끌어가는 주체로서의 역할을 강조하는 주제를 선정한다(예: 리더십의 전환, 기술 기반 여성 경제 생태계).

정책 및 제도적 제안(Policy and Institutional Alternatives)

개인의 노력만으로는 해결할 수 없는 문제를 다루고, 국가 및 기업 차원의 제도적 해결책을 제시하는 주제를 포함한다(예: 평생학습과 디지털 학습 혁명, AI · 기술 · 인간, 그리고 공정한 미래).

이 책의 구성

이 책은 AI 시대 여성의 역할을 노동, 돌봄, 기술, 리더십, 정책 등 열 개의 핵심 주제로 나누어 살펴본다. 각 장은 기술 변화가 만들어 내는 구조적 영향을 분석하고, 여성의 주체적 참여가 왜 공정한 미래의 핵심 조건인지를 보여 준다. 이 책이 제시하는 것은 단기적 처방이 아니라 기술과 사회를 함께 설계하기 위한 기준이다.

1장은 AI 시대 여성에게 필요한 질문의 방향을 제시하며 기술을 '적응의 대상'이 아닌 '설계의 영역'으로 전환한다.

2장은 노동시장의 구조적 변화를 살피고 인간 노동의 의미가 성과가 아닌 책임과 관계로 이동하고 있음을 짚는다.

3장은 디지털 전환이 여성에게 열어준 새로운 기회를 다룬다. AI와 플랫폼 기술은 여성의 노동 참여 방식과 학습 경로를 재설계하며, 시간 · 공간 · 역할의 제약을 완화하는 가능성을 만든다. 동시에 기술은 준비되지 않은 이들을 배제할 수 있음을 지적하며, 기회를 현실로 만들기 위한 주체적 선택과 책임을 강조한다.

4장은 돌봄 노동을 주변부 노동이 아닌 사회 유지의 핵심 인프라로 재정의한다. 자동화 시대에 오히려 돌봄 · 교육 · 조정 · 감정 노동이 왜 대체 불가능한 가치로 부상하는지를 분석하고, 여성에게 집중되어 온 돌봄의 구조적 문제를 사회적 책임의 영역으로 확장한다.

5장은 AI 편향과 젠더 불평등을 다룬다. AI가 학습하는 데이터 속에 축적된 차별의 흔적이 어떻게 기술의 판단 기준이 되는지를 설명하며, 공정한 기술을 위해 왜 성평등 관점이 설계 단계부터 필요해졌는지를 묻는다. 기술 윤리는 선택의 문제가 아니라 사회의 기준을 다시 세우는 문제임을 분명히 한다.

6장은 공감과 협력을 중심으로 한 리더십의 전환을 다룬다. 개인의 역량이나 성향을 넘어, AI 시대에 의사 결정 구조가 어떻게 변화하고 권력과 책임이 어디로 이동하는지를 분석함으로써 여성 리더십을 사례가 아닌 구조의 문제로 제시한다.

7장은 평생학습과 디지털 학습 혁명을 통해 여성의 생존 전략을 다룬다. 역량의 재정의, 학습 플랫폼의 변화, 일과 배움의 결합을 중심으로 편성한다. 여성에게 학습은 선택이 아닌 지속 가능한 노동의 필수 조건이 되었음을 보여 준다.

8장은 기술 기반 여성 경제 생태계를 조망한다. 여성 창업, 네트워크, 플랫폼 협력 구조를 통해 개인의 성공을 넘어 지속 가능한 경제 참여 모델을 탐색하며, 기술을 활용한 새로운 경제적 주체 형성 가능성을 제시한다.

9장은 공정한 기술 미래를 위한 정책과 제도의 역할을 다룬다. AI가 사회의 기준을 복제하는 방식을 분석하고,

그 기준을 다시 설계할 책임이 개인이 아닌 사회와 제도에 있음을 밝힌다. 기술 거버넌스를 공동의 과제로 제안한다.

마지막 10장은 인간의 미래와 여성의 길을 함께 묻는다. AI가 확산될수록 인간 노동과 삶의 의미가 어디에 남는지를 성찰하며, 이 책이 여성을 독려하는 담론이 아니라 기술 전환기 사회의 기준을 다시 설정하는 작업임을 분명히 한다.

AI 시대의 여성은 더 이상 수동적인 수용자가 아니다. 우리는 기술과 사회, 인간의 가치가 교차하는 지점에서 새로운 선택을 요구받고 있다. 이 책이 그 선택을 고민하는 독자들에게 작은 나침반이 되기를 바란다.

이 책의 목표와 독자를 향한 제언

인공지능 시대, 인간의 인지가 기계에 의해 대체되고 있다. 사물과 사물이 인간을 통하지 않고 직접 소통하는 환경으로 빠르게 전환되고 있다. 이 변화는 노동과 관계, 책임과 판단의 구조를 근본적으로 흔들며 인간 삶과 문명의 방향을 재편했다.

이 책은 이러한 기술 전환을 단순한 발전이나 효율의

문제로 보지 않고, 그 안에서 무엇이 자동화되고 무엇이 끝내 자동화될 수 없는지를 질문했다. 기술과 환경을 가로지르는 핵심 쟁점을 여러 키워드로 짚되, 이론과 산업 논의를 넘어 일상과 사회적 약자의 경험까지 함께 다루었다. 인간과 기술의 현재와 미래를 분석했다. 이 작업은 변화에 대한 예측 이전에 우리가 어떤 선택을 해야 하는지 묻는 데 목적이 있다.

이 책은 특히 AI가 노동시장, 경제 구조, 사회 제도에 미치는 영향을 여성의 관점에서 분석하고, 정책적 대안과 구조적 변화의 필요성을 논의한다. 여성의 사회적 참여가 확대되는 방향으로 기술을 활용하기 위해 어떤 제도적 장치가 마련되어야 하는지, 교육과 조직 문화는 어떻게 변화해야 하는지, 그리고 개인은 어떤 역량을 갖추어야 하는지에 대한 실천적 방향도 제시하고자 한다. 이는 단순히 여성의 고용 확대라는 차원을 넘어, AI 시대 사회 전체의 지속 가능성과 인간다움의 회복을 위한 논의로 이어질 것이다.

AI 시대의 여성은 단순한 수용자에 머무를 수 없다. 우리는 기술과 사회, 인간의 가치가 교차하는 지점에서 새로운 선택을 요구받고 있다. 이 책이 기술과 사회, 인간의 가치가 교차하는 지점에서 새로운 선택을 요구받는 독자들에게 그 변화를 위한 지침이 되기를 바란다.

앞으로 펼쳐질 변화의 흐름 속에서, 여성의 경험과 관점이 더 적극적으로 반영되기를 기대한다. 이러한 논의가 AI 시대의 사회적 평등과 인간다운 미래를 함께 설계하는 출발점이 될 것이다.

01
AI와 여성, 새로운 질문의 시작

"기술은 발전하지만, 인간의 질문은 여전히 남는다."

유럽중앙은행 보고서는 AI 도입이 여성 일자리를 줄인다는 우려와 달리, AI 노출이 높은 직군에서 여성 고용이 2~3% 증가했다고 밝혔다. 이는 여성의 역할이 보호 대상이 아니라 변화의 주도자임을 보여 준다.

알고리즘 윤리와 기술 공정성 등 AI 핵심 의제는 사회적 감수성과 판단을 요구하며, 여성의 경험이 기술의 방향을 설계하는 중요한 기반이 된다.

기후 위기와 인공지능?

일상 속 AI의 침투: 이미 시작된 우리의 미래

아침에 스마트 스피커에게 날씨를 묻고, 출퇴근길 앱으로 최적 경로를 안내받고, 심지어 금융 앱이 나에게 딱 맞는 상품을 추천하는 시대. AI는 더 이상 먼 미래의 기술이 아니라, 숨 쉬듯 사용하는 '생활의 기본값'이 되었다. 이 기술은 우리의 취향, 소비 습관, 건강 데이터 같은 일상의 요소를 빠르게 수집하고 분석하며 우리의 행동을 예측한다.

알고리즘 기반 추천 시스템은 커피 한 잔의 주문 방식에서부터 쇼핑 선택, 금융 의사 결정에 이르기까지 우리의 선택을 보조한다. 채용 현장에서는 AI가 지원자의 이력과 말을 분석해 '적합도'를 계산하고, 고객 응대 시스템에서는 음성 인식 기술이 빠르게 인간의 손을 대체하고 있다.

이렇게 AI가 스며든 환경은 효율성과 편의성을 강화하지만 동시에 인간의 노동과 능력에 대한 질문을 새롭게 던진다. 특히 여성에게 AI는 이중적 의미를 지닌다.

기술의 확산은 기존의 경력 단절 문제를 개선할 새로운 기회를 제공하지만, 동시에 알고리즘 편향과 같은 구조적 위험을 내포한다. 이 양가성 속에서 여성의 위치는 단순한 사용자에서 기술의 방향을 결정하는 '설계자'로 확장될 가능성을 가진다.

기술의 발전 속도는 눈부시지만, 이 혁명적인 전환 앞에서 우리는 근본적인 질문과 다시 마주하게 된다. "기술은 인간에게 어떤 의미인가, 그리고 여성에게 어떤 기회인가?"

AI는 단순한 도구가 아니다. 이는 인간의 지능과 노동을 재정의하며, 사회 구조 전체에 근본적인 균열을 일으키는 강력한 엔진이다. 이 균열 속에서 여성의 사회적 위치와 역할은 필연적으로 시험대에 오르게 된다. 우리는 이 거대한 변화를 수동적으로 맞이할 것인가, 아니면 변화를 주도하는 설계자가 될 것인가. 이 선택이야말로 AI 시대 여성의 미래를 결정짓는 핵심이 될 것이다.

특히 여성에게 AI는 '양날의 검'과 같다. 이는 또한 기회이자 위험이다. 원격 근무와 유연성은 돌봄과 일을 병행해야 하는 여성들에게 경력 단절 없는 새로운 기회를 준다. 하지만 과거의 성차별적 데이터로 학습된 알고리즘은 채용이나 대출에서 여성을 배제할 수 있는 구조적 위험을 내포한다. 우리는 이 양가성 속에서 수동적인 사용자가 아닌 기술의 방향을 결정하는 설계자이자 '선택자'로 나아가야 한다. 기술은 중립적이지 않으며, 그 가치와 방향은 설계자의 선택에 의해 결정된다. AI 시대를 '평등의 확장' 시대로 만들 것인지 '불평등의 고착화' 시대로 만들 것인지는 여성들의 주체적인 참여에 달려있다.

AI 시대에 여성들이 기술의 수혜자나 피해자가 아닌 설계자이자 주체로 참여할 수 있는 구체적인 방식은 크게 네 가지 영역을 주장해 볼 수 있다.

첫째, 기술 설계 및 개발 참여는 가장 본질적인 주체성이다. 여성은 기술 개발의 초기 단계부터 참여하여 알고리즘의 편향을 점검하고, 사용자 경험을 반영하며, 기술 윤리와 정책 기준을 세우는 데 기여할 수 있다. 이는 AI가 채용, 대출 등 중요한 의사 결정에서 기존의 사회적 불평등을 그대로 답습하지 않도록 막는 핵심적인 활동이다. 또한 기술의 윤리 기준을 마련하고 다양한 삶의 경험을 반영하는 사용자 경험(UX/UI)을 설계함으로써, 기술이 모든 성별에게 유용하고 공정하게 작동하도록 만들어야 한다.

둘째, 여성들은 자신들의 경험과 통찰력을 바탕으로 새로운 기술 시장을 창출하는 혁신가이자 창업가로 나서야 한다. 특히 돌봄(Care Tech), 여성 건강(FemTech) 등 전통적으로 여성의 역할로 여겨졌던 영역에 AI를 접목하여 기술 기반의 새로운 가치와 비즈니스 모델을 주도할 수 있다. 나아가 원격 및 유연 근무제를 활용한 새로운 형태의 기업을 설립하거나, 경력 단절 여성을 위한 맞춤형 AI 교육 및 멘토링 프로그램 등을 주도적으로 운영하여 사회 재진입을 지원하는 것도 중요한 주체적 참여 방식이다.

셋째, 기술은 결국 제도의 틀 안에서 작동해야 하므로, 여성들은 정책 결정 과정에 참여하여 기술의 방향을 인간적인 나침반으로 조정해야 한다. 정책 결정과 제도 설계 영역에서의 참여 역시 중요하다. 여성은 AI 시대의 노동 구조와 복지 제도가 평등하게 작동하도록 법과 제도를 개선하는 논의에 적극적으로 관여해야 한다. 조직과 정부에서 기술 리더십을 발휘해 의사 결정 과정 자체를 바꾸는 데 기여할 수 있다.

넷째, 문화와 교육 영역에서의 참여는 미래 세대의 인식을 변화시키는 기반이 된다. 여성은 디지털 리터러시 교육을 주도하며, 기술 분야의 롤모델과 성공 사례를 확산시키고, 기술의 사회적 영향을 감시·비평함으로써 건강한 기술 문화를 형성하는 데 중요한 역할을 한다.

이 네 가지 영역은 서로 연결되어 있으며, AI 시대에 여성들이 '기술의 객체'가 아니라 기술의 방향을 설계하는 주체적 행위자로 자리 잡기 위한 실천적 토대가 된다.

새로운 시대를 향한 인간적 나침반

이 책은 AI 시대의 여성에게 '무엇을 해야 하는가'에 대한 구체적인 나침반을 제시하고자 한다. 우리는 여성의 사회 진출이라는 주제를 노동시장의 변화, 사회적 돌봄의 재정의, 교육 및 제도적 개혁이라는 세 가지 핵심 프레임을 통해 다룰 것이다. 누가 설계하고, 어떤 데이터를 기반으로 학습하며, 어떤 목적에 따라 운영되는지에 따라 기술의 결과는 크게 달라진다.

과거의 기술 변화는 주로 남성에게 유리했다. 혹은 중간 숙련 노동자들의 일자리를 축소하는 방식으로 전개되었다. 그러나 유럽중앙은행(ECB)의 최신 보고서(AI and women's employment in Europe)에 따르면, AI의 확산은 전혀 다른 양상을 보여 주었다.

연구진은 2011년부터 2019년까지 유럽 16개국의 직업별 데이터를 분석했다. 그 결과 AI에 많이 노출된 직업일수록 여성 고용의 비중이 증가했다는 사실을 알아냈다. 특히 AI 노출도가 10분위 상승할 때 여성 고용 점유율이 평균 2.2~2.9% 증가하는 것으로 나타났는데, 이는 전체 고용 점유율 증가 폭의 약 두 배에 해당한다. 다시 말해, AI 기술의 도입은 여성 고용 확대에서 과거의 자동화와는 정반대의 효과를 낳고 있다는 내용이다.

보고서 결론은 AI는 여성 고용을 위협하는 기술이 아니라, 오히려 제도적 마련이 여성 친화적 일자리를 창출할 수 있는 기회가 될 수 있다는 발표다. 이러한 새로운 패턴은 AI 시대 여성의 역할이 단순한 보호 대상이 아니라 '변화를 주도하는 주체'가 될 수 있음을 증명한다.

AI는 과거의 자동화와 달리 여성 고용의 기회를 확장하는 양상을 보이고 있다. 이 현상이 나타나는 이유 중 하나는 AI 기술이 '숙련의 형태'를 변화시키고 있기 때문이다. 과거의 기술 혁명에서 숙련은 주로 물리적 능력이나 특정 공정에 대한 경험에 의존했다. 하지만 AI 시대의 숙련은 문제 해결 능력, 의사소통, 복합적 판단, 정서적 상호작용 등 보다 인간 중심적 특성을 필요로 한다.

이러한 특성은 기존 여성 노동자들이 강점을 보여 온 영역과 맞닿아 있다. 이는 AI 노출 직군에서 여성의 고용 증가로 연결되고 있다.

알고리즘 윤리, 데이터 공정성, 기술 설계의 투명성 등 AI 시대 핵심 의제들은 기술적 역량뿐 아니라 사회적 감수성과 윤리적 판단을 요구한다. 이는 여성들이 자신의 경험과 강점을 기반으로 기술 발전의 방향을 설계할 수 있는 중요한 영역이다.

기술이 인간의 삶에 미치는 영향이 커질수록 '무엇을

위해 발전하는가'라는 질문은 더욱 중요해진다. 기계가 할 수 없는 인간만의 영역은 무엇인가? 이 질문에 대한 여성들의 응답은 개인의 성공을 넘어, 기술과 공존하는 미래 사회의 인간다움을 정의하는 초석이 될 것이다.

AI 시대를 이끌어갈 여성의 주체적 역할과 기회에 대한 심도 깊은 논의와 더불어 인간의 가치에 대한 질문을 다시 던지게 한다.

인간적 가치: 기술과 공존하는 미래 사회

결국 AI 시대 여성의 주체적 참여는 기술의 활용을 넘어 인간의 가치를 재확립하는 작업과 연결된다. 기계가 효율성과 속도를 극대화할 때 인간은 창의성, 공감, 그리고 윤리적 판단이라는 고유 영역을 되찾게 된다. 특히 돌봄을 통해 축적된 여성의 경험은 기술이 어떤 방향으로 나아가야 하는지에 대한 가장 인간적인 '나침반' 역할을 수행할 것이다.

우리는 AI에게 일자리를 위협받는 존재가 아니라 AI의 방향을 설정하는 설계자가 되어야 한다. 기술의 발전 속도는 눈부시지만, 이 속도를 제어하고 '무엇을 위해 발전하는가'라는 근본적인 질문을 던지는 것은 오직 인간의 몫이다. 그리고 이 질문에 가장 심도 깊은 답을 내놓을 수 있는 주체 중 하나가 바로 여성이다. AI가 촉발한 돌봄의 재정의는 여성들이 과거의 역할에 갇히지 않고, 기술을 활용하여 더 평등하고 인간적인 미래 사회를 창조하는 새로운 질문의 시작이 될 것이다.

02
노동시장의 구조적 변화

"기계가 일할 수는 있어도 일의 의미를 가질 수는 없다."
AI는 지능과 판단의 자동화를 통해 노동의 본질을 재편하고 인간의 사회적 위치를 다시 정의하게 만든다. 이는 산업 효율을 넘어 삶과 노동의 전체 구조를 다시 설계하게 만드는 변화이며, 일의 의미에 대한 근본적 질문을 요구한다. AI 시대의 노동 전환은 생산 방식만 바꾸는 것이 아니라 삶의 전체 구조를 다시 설계하게 만드는 변화다.

노래하는 AI 보컬?

인공지능의 확산은 노동시장을 단순한 '직업 변화'의 문제가 아니라, 일의 정의 자체를 다시 묻게 하는 전환으로 이끌고 있다. 자동화와 알고리즘은 이미 반복적이고 규칙적인 노동을 빠르게 대체하고 있으며, 이 흐름은 특정 산업이나 직무에 국한되지 않는다. 생산, 유통, 행정, 금융, 교육에 이르기까지 노동 구조 전반이 재편되고 있다.

그러나 인공지능이 대체하는 것은 '일하는 행위'이지 일이 지니는 의미는 아니다. 기계는 계산하고 예측하며 실행할 수 있지만, 그 과정에 목적을 부여하거나 책임을 느끼지는 않는다. 인간에게 노동은 생계 수단을 넘어 정체성과 존엄, 사회적 관계를 형성하는 핵심 요소다.

인공지능 시대의 노동시장 변화는 이 간극에서 시작된다. 기술은 노동의 효율을 극대화하지만, 동시에 인간 노동의 가치 기준을 흔든다. 어떤 일은 사라지고, 어떤 일은 더 세분화되며, 또 다른 일은 전혀 새로운 형태로 등장한다. 문제는 일자리가 줄어드느냐가 아니라 어떤 능력이 사회적으로 의미를 인정받느냐다. 데이터 처리 능력보다 판단 능력, 속도보다 맥락 이해, 결과보다 책임이 중요해지는 방향으로 노동의 중심축이 이동하고 있다.

이 과정에서 노동시장은 양극화의 위험도 안고 있다. 기술을 설계하고 활용하는 소수의 노동은 강화되는 반면, 대체 가능한 다수의 노동은 불안정해진다. 인공지능이 불평등을 만드는 것이 아니라 기존의 불평등 구조를 더 선명하게 드러내는 것에 가깝다.

따라서 인공지능 시대의 노동 문제는 기술 적응의 문제가 아니라 사회적 선택의 문제다. 인간의 일은 무엇이어야 하는가, 어떤 노동을 보호하고 어떤 노동에 새로운 의미를 부여할 것인가에 대한 질문이 필요하다. 기계가 일하는 시대일수록 인간은 왜 일하는가를 물어야 한다.

이 장은 인공지능이 노동시장을 어떻게 바꾸고 있는지를 살펴보는 동시에, 기술 변화 속에서도 사라지지 않는 인간 노동의 의미와 역할을 탐색하는 출발점이 된다. 이러한 변화는 추상적인 전망에 그치지 않는다. 인공지능은 이미 자동화의 범위를 확장하며 노동의 구조 자체를 재편하고 있다.

자동화의 확장과 노동의 구조적 재편

AI는 기존 자동화가 다루지 못했던 '비정형 업무'와 '인지적 노동'까지 포괄하며 노동시장의 구조적 재편을 가속화하고 있다. AI를 다루고 활용하는 사람은 AI를 이용해 새로운 가치를 창출하거나 복잡한 문제를 해결하는 사람을 의미한다. AI 도구를 자신의 전문 분야에 접목하여 생산성을 극대화하거나 자동화된 시스템을 구축하거나, 데이터를 분석하여 통찰력을 얻는 등의 능동적인 사용자가 미래 사회의 주역이 될 것임은 자명하다.

과거 자동화 기술은 주로 반복적이고 규칙화된 업무를 대체하는 데 집중되어 있었다. 그러나 최신 AI 기술은 자연어 처리, 이미지 분석, 의사 결정 보조 등 고도의 인지적 능력을 요구하는 영역까지 확장되고 있다. 금융, 법률, 의료, 교육 등 전통적으로 전문직으로 분류되던 직종에서도 AI가 데이터 분석과 초기 판단 업무를 수행하면서 업무 구조가 재설계되는 현상이 나타나고 있다. 이 변화는 노동이 '인간 고유의 능력'을 중심으로 재편되고 있음을 의미한다.

AI가 대체하기 어려운 창의성, 감성적 상호작용, 윤리적 판단, 복잡한 협업 등은 고도의 지능을 갖춘 AI도 쉽게 따라올 수 없는 인간 고유의 노동 가치로 더욱 부각되고 있다. 미래의 고부가가치 직업은 AI 기술을 능숙하게 활용하는 능력과 이러한 인간 중심의 역량을 융합할 수 있는 인재에게 집중될 것이다.

그러나 동시에 자동화 충격도 뚜렷하다. 단순 사무·서비스직은 빠르게 축소되고 있으며, AI 기술을 활용할 능력이 부족한 노동자는 대체 위험에 노출된다. 여성은 특히 자동화에 취약한 직군에 많이 분포해 있어 고용 충격이 더 크게 나타날 수 있다. 반면 고학력 여성은 디지털 전환의 기회를 선점할 가능성이 높아 노동시장 내 양극화가 심화될 우려가 있다.

한편 AI는 새로운 직무도 만들어 낸다. AI 윤리 감독관, 데이터 라벨러, 사용자 경험(UX) 설계자, 케어테크 전문가 등은 AI 시대를 배경으로 등장한 직업군이다. 이는 여성들에게 새로운 진입 기회를 제공할 수 있는 분야이기도 하다.

여성이 노동의 핵심 주체로 남기 위해서는 단순한 기술 수용을 넘어, AI의 한계를 이해하고 인간 중심의 판단 능력을 결합할 수 있는 전략이 필수적이다. 미래의 고부가가치 노동은 AI 기술 활용 능력 자체보다 AI의 한계를 이해하고 인간 고유의 판단 · 책임 · 윤리를 결합할 수 있는 역량에 집중될 것이다.

플랫폼과 유연 노동: 일의 경계가 무너지는 시대

AI는 '직장'이라는 개념을 약화시키며 노동을 플랫폼 · 프로젝트 단위로 재구성하고 있다. 플랫폼 경제는 AI 알고리즘을 통해 노동을 실시간으로 매칭하고 수요 · 공급을 조정한다. 우버, 배달 플랫폼, 콘텐츠 플랫폼 등이 보여 주듯, 일은 더 이상 고정된 직장이 아니라 유동적 작업 단위로 재편되고 있다. AI는 전통적 '직장'의 의미를 약화시키고, 새로운 경제 질서를 형성하고 있다.

이 변화는 유연성을 높이지만 동시에 불안정성도 확대한다. 알고리즘은 작업 시간, 응답 속도, 서비스 평가 등을 기준으로 노동자를 분류·관리하며, 노동자는 기계가 설정한 속도와 기준에 맞춰야 하는 새로운 형태의 '디지털 관리' 체계에 놓이게 된다.

그러나 이와 동시에 플랫폼·원격 근무의 확산은 경력단절 여성이나 돌봄 부담이 큰 여성에게 새로운 경제활동 기회를 열어준다. 물리적 제약을 넘어 다양한 형태의 노동 참여가 가능해지는 것이다. 결국 AI 시대의 노동시장은 기회와 불안정성이 교차하는 복합적 구조를 가진다.

여성들이 이 유연 노동 환경을 지속 가능한 '양질의 일자리'로 만들기 위해서는 고용 안전망, 성별화된 사회보장 제도, 디지털 역량 격차 해소 등 제도적 보완이 시급하다.

AI는 기술적으로 중립적이지 않다. 사회가 어떤 제도를 선택하고 어떤 보호 장치를 마련하느냐에 따라 AI는 성평등을 촉진할 수도, 반대로 약화시킬 수도 있는 제도적 힘이 된다.

인간 노동은 무엇으로 남는가

인공지능이 노동의 많은 부분을 대신 수행하게 되면서 인간의 일은 더 이상 '얼마나 빠르고 정확하게 해 내는가'로 평가되지 않는다. 생산성과 효율은 이미 기계의 영역이 되었고, 인간 노동의 가치는 다른 차원에서 재정의되고 있다. 이 변화의 핵심은 기술이 아니라 의미와 책임에 있다.

AI는 결과를 산출할 수 있지만 그 결과가 사회에 미치는 영향에 대해 책임지지 않는다. 판단의 맥락을 이해하지 못하고 선택의 윤리적 무게를 감당하지도 않는다. 반면 인간의 노동은 언제나 결과 이후의 세계를 포함한다. 그 선택이 누구에게 어떤 영향을 미치는지, 오류가 발생했을 때 누가 설명하고 수정할 것인지는 여전히 인간의 몫이다.

이로 인해 노동의 중심은 실행에서 판단으로, 생산에서 해석으로 이동하고 있다. 단순히 일을 '하는 능력'보다 무엇을 왜 해야 하는지를 설명하고 조율하는 능력이 중요해진다. 문제를 정의하고, 이해관계를 중재하며, 예외 상황에 대응하는 역량은 고도화된 인공지능조차 쉽게 대체할 수 없는 영역이다.

특히 감정과 관계가 개입되는 노동은 자동화의 한계

가 뚜렷하다. 돌봄, 교육, 상담, 조직 내 조정과 같은 일은 정량화가 어렵다. 표준화된 답이 존재하지도 않는다. 이 노동들은 오랫동안 '비숙련' 혹은 '보조적' 역할로 저평가되어 왔지만, 아이러니하게도 AI 시대에 들어 그 중요성이 더욱 분명해지고 있다. 기계가 처리할 수 없는 영역이 곧 인간 노동의 핵심이 되고 있기 때문이다.

이 지점에서 노동의 의미는 다시 묻힌다. 인간은 단순히 소득을 얻기 위해 일하는 존재가 아니라, 사회적 관계 속에서 책임을 지는 주체로서 일한다. 노동은 개인의 생계 수단이자 공동체를 유지하는 방식이며, 자신의 판단이 사회에 미치는 영향을 감당하는 행위다. 이러한 의미는 자동화될 수 없다.

그러나 인간 노동의 재정의가 자동으로 긍정적인 결과를 낳는 것은 아니다. 의미 중심의 노동이 강화될수록, 그 부담 또한 개인에게 전가될 위험이 있다. 판단과 책임이 강조되는 노동은 더 많은 정서적 에너지와 사회적 압박을 요구한다. 특히 돌봄과 감정노동이 집중된 직무에서는 이 부담이 구조적으로 가중될 수 있다.

따라서 인공지능 시대의 노동은 단순히 '인간만의 영역'을 강조하는 데서 멈추지 않는다. 어떤 노동에 의미를 부여할 것인지, 그 의미에 상응하는 보호와 보상이 이루어지는지에 대한 사회적 합의가 필요하다. 인간 노동이 남는다는 것은, 그 노동을 떠안은 개인에게 모든 책임을 전가하지 않겠다는 제도적 선택을 포함해야 한다.

결국 인공지능이 확산될수록 분명해지는 사실은 하나다. 기계는 일을 수행할 수 있지만 일의 의미를 살려내지는 못한다. 인간 노동은 효율의 경쟁에서가 아니라 책임을 감당하는 자리에서 남는다. 이 선택의 방향이 앞으로의 노동시장을 결정짓는 핵심 변수가 될 것이다.

기계가 일하는 시대, 인간은 무엇을 선택할 것인가

인공지능은 이미 노동의 많은 부분을 대신하고 있다. 계산은 더 빠르고, 예측은 더 정확하며, 반복 작업에서는 인간을 압도한다. 그러나 이 변화가 곧 인간 노동의 소멸을 의미하지는 않는다. 오히려 질문은 달라져야 한다. 무엇을 할 수 있는가가 아니라 무엇을 해야 하는가라는 질문이다.

인간의 노동은 단순한 생산 행위가 아니다. 그것은 관계를 만들고, 의미를 부여하며, 책임을 감당하는 과정이다. 기계는 결과를 만들어 낼 수 있지만 그 결과가 사회에 어떤 파장을 남기는지 스스로 묻지 않는다. 판단의 무게, 선택의 윤리, 실패에 대한 책임은 여전히 인간의 몫이다.

AI 시대의 노동시장은 효율 중심에서 의미 중심으로 이동한다. 인간은 더 이상 '기계보다 잘하는 존재'가 아니라 '기계가 할 수 없는 판단을 내리는 존재'로 자리매김해야 한다. 돌봄, 교육, 조정, 해석, 공감, 그리고 방향 설정의 영역은 오히려 더 중요해진다. 이는 기술의 문제가 아니라 사회가 인간에게 무엇을 기대하는가에 대한 문제다.

결국 인공지능 시대의 노동은 인간다움을 시험하는 장이 된다. 우리는 편리함을 선택할 수도 있고 책임을 선택할 수도 있다. 자동화에 기대어 사고를 포기할 수도 있고 기술을 도구로 삼아 더 깊이 사유할 수도 있다.

노동의 미래는 기술이 아니라 인간의 선택에 의해 결정된다. 기계가 일할 수는 있어도 일의 의미를 가질 수는 없다. 그 의미를 정의하고 지켜내는 일, 그것이 인공지능 시대에도 인간 노동이 남는 이유다.

03
디지털 전환과 여성의 새로운 기회

"자유의 공간이 넓어질수록 책임의 무게도 늘어난다."
AI와 디지털 기술은 단순히 산업 구조를 바꾸는 도구가 아니다. 그것은 인간이 일하고, 배우고, 관계 맺는 방식을 다시 설계하는 문명의 언어다. 디지털 전환은 여성에게 더 넓은 자유와 새로운 기회를 제공하지만, 동시에 더 큰 책임을 요구한다. 준비된 이에게는 확장의 기회가 되지만, 그렇지 못한 이에게는 소외의 문턱이 될 수 있다. 이 변화의 방향을 어떻게 선택하느냐에 따라 디지털 사회에서 여성의 위치는 크게 달라질 것이다.

인공지능과 편향?

디지털 기술이 여는 기회의 확장

디지털 기술은 시간과 공간의 장벽을 허물며 여성의 경제활동 참여 방식을 근본적으로 바꾸고 있다. 과거 산업화 시대의 노동은 물리적 공간인 공장, 사무실, 영업장에 묶여 있었다. 그러나 디지털 기술은 노동을 탈공간화했다. 플랫폼 기반의 경제활동이 일상화되었고 여성의 노동 참여 방식에 근본적 전환을 가져왔다. 디지털 전환은 단순히 기술 환경의 변화가 아니라 사회·경제 구조 전체의 재편을 의미한다.

자동화, 생성형 AI, 원격 협업 시스템이 일상으로 자리 잡으면서 노동시장은 빠르게 재구성되고 있다. 이 변화는 기존의 산업 논리나 힘의 구조에 가려져 있었던 여성의 역량을 새롭게 조명하는 계기가 되고 있다. 기술은 성별, 연령, 경력을 기준으로 능력을 판단하던 오래된 장벽을 약화시키고 있다. 누구나 자신의 전문성과 창의성을 기반으로 시장에 직접 진입할 수 있는 길을 열어주고 있다.

특히 디지털 기반 비즈니스는 비교적 적은 초기 자본으로 시작할 수 있고, 물리적 공간의 제약이 없다. 이는 생애주기·돌봄·커리어 단절 등으로 불리한 위치에 놓였던 여성들에게 작지만 실질적인 기회가 된다. 중요한 지점은 여성들이 기술을 단지 '사용하는 소비자'가 아니라 새로운 시장을 설계하고 연결하는 '창업자이자 주체적 생산자'가 될 수 있다는 점이다.

원격 근무, 디지털 프리랜싱, 온라인 창업, 크리에이터 경제는 여성의 이동성을 크게 높인다. 특히 돌봄과 일을 병행해야 하는 여성에게 유연한 노동 구조는 사회 진입 장벽을 낮추는 역할을 한다. 또한 데이터 분석, UX 디자인, 커뮤니티 운영, 콘텐츠 제작, AI 모델 검증 등 새로운 디지털 직군은 기술 전문성뿐 아니라 소통 능력 · 공감 기반 기획력 · 문제 해결력을 요구한다. 이는 여성들이 가진 강점과 접점이 자연스럽게 형성되는 분야다.

자연스럽게 여성에게 확장되는 비즈니스의 주요 영역을 살펴본다.

첫째, AI 도구와 디지털 플랫폼은 글쓰기, 강의, 온라인 코칭, 뉴스레터 발행 등 지식 자산을 서비스로 전환하는 활동을 손쉽게 만든다. 개인 브랜드 기반의 1인 미디어 · 출판 · 교육 비즈니스는 여성에게 새로운 경제적 자립의 모델이 되고 있다.

둘째, 로컬 비즈니스의 디지털 확장으로 SNS 마케팅, 온라인 예약 시스템, 소규모 커머스 플랫폼은 지역 기반 가게나 서비스가 더 넓은 시장과 연결될 수 있게 한다.

돌봄, 공예, 푸드, 생활 문화 분야에서 여성들의 감각과 경험은 경쟁력이 된다.

셋째, 기획·창작 중심의 디지털 창업으로 AI 영상 제작, 디자인, 브랜딩, 제품 개발 등 복잡한 영역의 진입 장벽이 낮아지면서, 여성 창업자가 기술을 활용해 스스로 기획·창작을 주도할 수 있게 되었다. 기술을 배우는 것이 목적이 아니라 기술을 통해 자신의 전문성을 확장하는 것이 핵심이다.

넷째, 디지털 경제는 감정, 관계, 커뮤니티 중심의 비즈니스를 다시 중요한 산업으로 끌어올리고 있다. 이는 감정노동을 여성에게만 부과한다는 의미가 아니라, 여성들이 오래 축적한 관계적 감수성이 플랫폼을 통해 콘텐츠·서비스·커뮤니티 운영 같은 경제적 가치로 직접 연결되고 있다는 뜻이다.

기술 습득의 격차:
새로운 기회가 새로운 불평등이 되지 않기 위해

기회는 결코 균등하게 주어지지 않는다. 디지털 전환은 여성에게 가능성을 제공하지만 동시에 기술 교육의 격차가 또 다른 배제를 초래할 위험을 내포한다.

AI와 데이터 기반 기술이 사회 전반에 확산되면서 디

지털 역량은 더 이상 선택의 문제가 아니라 생존의 조건이 되었다. 그러나 디지털 교육의 접근성은 계층 · 지역 · 연령에 따라 차이를 보이며, 특히 경력 단절 여성이나 중장년층 여성에게는 큰 장벽이 되고 있다. 기술 이해도가 낮을수록 플랫폼 경제에서 낮은 수익 구조에 머무르게 되고, 알고리즘 기반 평가 체계에 더욱 취약해진다. 이는 '디지털 기회'가 '디지털 불평등'으로 전환되는 순간이다.

따라서 여성의 디지털 역량 강화는 단순한 기술 교육을 넘어, 사회 구조적 불평등을 완화하고 경제적 자립을 지원하는 핵심 정책 과제가 된다. 국가, 지방자치단체, 기업이 모두 역할을 분담해 디지털 문해력 · 데이터 활용 능력 · AI 윤리 이해까지 확대된 교육 체계를 마련해야 한다. 기술의 시대에 여성의 실질적 참여를 보장하기 위해서는 기회의 문을 여는 것만큼 그 문에 접근할 수 있는 '사다리'를 함께 제공해야 한다.

디지털 생태계 설계자로서의 여성: 기술의 방향을 결정하는 힘

이제 핵심 질문은 분명하다. 여성은 기술의 단순한 소비자로 머물 것인가, 아니면 기술의 가치와 윤리를 설계하는 주체가 될 것인가.

앞으로의 디지털 사회는 이 선택에 따라 크게 달라질 것이다. 디지털 전환은 여성에게 시장 참여의 기회를 넓혀줄 뿐 아니라 기술 생태계의 설계자로 참여할 가능성도 확장하고 있다. 생성형 AI, 자동화, 플랫폼 기술은 모두 '중립적 도구'처럼 보이지만, 실제로는 설계자의 관점과 기업의 이해관계가 깊이 스며있다. 더불어 알고리즘 편향, 데이터 불균형, 감시 기술의 남용은 여성과 소수자에게 불리한 구조를 재생산할 수 있다.

특히 디지털 기반 비즈니스는 비교적 적은 초기 자본으로 시작할 수 있고, 물리적 공간의 제약이 없다. 이는 생애주기 · 돌봄 · 커리어 단절 등으로 불리한 위치에 놓였던 여성들에게 작지만 실질적인 기회가 된다.

중요한 지점은 여성들이 기술을 단지 '사용하는 소비자'가 아니라 새로운 시장을 설계하고 연결하는 '창업자이자 주체적 생산자'가 될 수 있다는 점이다.

이 문제를 바로잡기 위해서는 기술 개발, 정책 입안, 플랫폼 윤리 검증, 사용자 커뮤니티 대표, 데이터 감시 · 해석 등 다양한 위치에서 여성의 실제 참여가 필요하다. 여성의 시선과 경험이 기술의 규범과 기준을 바꿔낼 때, 디지털 사회의 공정성과 다양성은 한층 강화된다.

디지털 전환 시대의 본질적 변화는 기술 자체가 아니라 '역량의 재정의'다. 여성에게 주어진 새로운 기회는 누군가가 허락한 것이 아니라 기술을 매개로 스스로 만들어갈 수 있는 가능성이다. 이제 여성에게 필요한 것은 기술을 두려워하지 않는 용기, 그리고 자신의 경험과 감각을 시장화하는 능력이다.

기술은 이미 준비되었다. 이제 어떤 시장을 만들고 어떤 역할을 선택할 것인지는 여성 스스로의 몫이다.

자유 이후의 질문: 여성에게 남겨진 책임의 자리

디지털 전환이 여성에게 제공한 가장 큰 변화는 '선택지의 증가'다. 언제 일할 것인가, 어디서 일할 것인가, 어떤 방식으로 경제활동에 참여할 것인가는 더 이상 하나의 경로로 고정되지 않는다. 그러나 선택지가 늘어난 사회는 동시에 선택의 책임을 개인에게 도 돌린다.

유연 노동과 플랫폼 경제는 자유로운 듯 보이지만, 그 이면에는 불안정한 소득 구조와 자기 책임의 확대가 놓여 있다. 성과 관리, 역량 증명, 경력 설계는 점점 개인의 몫이 된다. 이 과정에서 여성은 '자유로운 노동자'이자 동시에 '스스로를 관리해야 하는 개인 기업'이 된다.

특히 여성에게 이 책임은 중첩된다. 노동의 책임, 돌

봄의 책임, 관계 유지의 책임이 동시에 작동하면서 디지털 자유는 또 다른 형태의 부담이 되기도 한다. 따라서 디지털 전환이 여성에게 진정한 기회가 되기 위해서는 개인의 역량 강화만으로는 충분하지 않다.

필요한 것은 자유를 지속 가능하게 만드는 사회적 조건이다. 돌봄의 사회화, 플랫폼 노동에 대한 최소한의 보호 장치, 경력 단절 이후 재진입을 지원하는 제도, 그리고 실패를 개인의 무능으로 환원하지 않는 사회적 인식이 함께 설계되어야 한다.

여성의 디지털 진출은 단순한 고용 문제가 아니라 사회 구조의 재편 문제다. 여성이 기술을 통해 얻은 자유가 고립이 아닌 연대로 이어질 때, 디지털 전환은 개인의 생존 전략을 넘어 사회 전체의 진보로 확장될 수 있다.

04
돌봄 노동의 재정의

돌봄은 기능이 아니라 인간의 마음이 하는 일이다. “그럼에도 불구하고 인간만이 할 수 있는 일은 무엇인가?”
이 질문은 인공지능 시대를 관통하는 핵심 물음이다. 그 답 중 하나는 ‘돌봄(care)’이다. 기술은 감정의 깊이와 맥락을 완전하게 대체할 수 없다. 타인의 취약성을 이해하고 관계를 형성하는 돌봄 영역에서 인간, 특히 여성의 역량이 다시 중요한 가치로 부각된다.

청각장애인과 AI?

돌봄의 개념 확장과 사회적 의미 변화

돌봄이 사적 영역으로 밀려나 있었던 이유는 효율과 생산성 중심의 사회로 조직되어 왔기 때문이다. 근대 산업사회는 시장에서 측정 가능한 노동만을 '가치 있는 일'로 간주했고, 돌봄은 그 전제 조건임에도 불구하고 가시화되지 않았다. 그러나 인구 구조와 노동 구조가 동시에 흔들리는 지금, 이 전제는 더 이상 유지될 수 없다.

고령화의 가속과 저출산, 1~2인 가구 증가는 돌봄을 가족 내부에서 해결할 수 없게 만들었다. 또한 플랫폼 노동과 불안정 노동의 확산은 개인의 삶을 장기적으로 지탱할 안전망을 약화시켰다. 돌봄은 개인이 감당할 수 있는 범위를 넘어섰고 사회 전체의 지속 가능성과 직결된 구조적 과제가 되었다.

돌봄의 확장은 역할의 확대이자 관점의 전환이다. 돌봄은 이제 신체적 보살핌을 넘어, 사회적 고립을 완화하고 관계를 유지하며 공동체의 회복력을 지탱하는 핵심 기능으로 이해된다. 이는 돌봄을 비용이 아니라 사회 유지 비용을 낮추는 투자로 바라보게 만든다. 돌봄이 부재한 사회는 의료 · 치안 · 복지 전반에서 더 큰 비용을 치르게 된다.

이러한 맥락에서 돌봄은 사회 인프라로 재위치된다.

도로와 통신망처럼 눈에 보이지 않지만, 없으면 사회가 작동하지 않는 기반인 것이다. 돌봄의 재정의는 인간 사회가 무엇 위에 세워져 있는지를 다시 묻는 과정이며, 효율 중심의 문명에서 관계 중심의 문명으로 이동하고 있음을 보여 주는 징후다.

AI 시대 돌봄 노동의 가치 재발견

감성 노동이 감정을 소모하는 노동이었다면, AI 시대의 돌봄은 관계를 책임지는 인간 노동이다. AI 기술이 업무 전반을 빠르게 대체하는 상황에서도, 인간의 돌봄 노동은 오히려 그 중요성이 높아지고 있다. 돌봄은 정답을 계산하는 일이 아니라 상황을 이해하고 함께 머무르는 일이기 때문이다.

AI는 감정 신호를 분석하고 패턴을 예측할 수는 있지만, 인간이 느끼는 공감 · 연민 · 책임의 깊이를 완전히 재현할 수 없다. 특히 노인 돌봄, 정신건강 상담, 위기 대응, 교육 현장 등에서는 인간의 관계적 안정성이 서비스의 핵심 요소가 된다.

AI가 대체하는 것은 판단의 속도와 처리의 정확성이다. 반면 돌봄이 요구하는 것은 머무름과 책임의 지속성이다. 이 차이 때문에 돌봄 노동은 AI 시대에 더욱 핵심적인 인간 노동으로 부상한다.

그동안 감성 노동이 문제시되었던 이유는 감정이 개인에게 일방적으로 소모되었기 때문이다. 그러나 AI 시대의 돌봄은 감정을 소모하는 일이 아니라 관계를 설계하고 유지하는 노동으로 재정의된다. 이는 개인의 성격이나 선의에 기대는 노동이 아니라 명확한 전문성과 판단 능력을 요구하는 영역이다.

불확실성이 커질수록 인간은 정서적 기준점을 필요로 한다. 위기 상황에서 사람들은 완벽한 답보다 '함께 있다는 감각'을 통해 안정된다. AI는 위험 신호를 감지할 수 있지만, 불안을 안심으로 전환하는 것은 인간의 관계적 개입이다. 이 과정에서 그동안 저평가되어 온 여성의 돌봄 역량은 사회적 자본으로 전환된다.

돌봄은 더 이상 개인의 희생이 아니라 사회가 의존하는 핵심 기능이며, 이 기능을 수행하는 역량은 시장에서 재평가될 수밖에 없다. AI 시대는 역설적으로 인간 노동의 질적 위계를 다시 쓰는 시대다.

AI와 돌봄의 공존:
기계가 도울 때, 인간은 심화한다

AI는 돌봄을 대체하는 기술이 아니라 돌봄의 품질을 높이고 돌봄 노동자에게 시간을 돌려주는 보조 도구가 된다. 돌봄 로봇, 스마트 모니터링, AI 기반 건강관리 시스템은 반복적이고 육체적인 업무를 분담한다. 예를 들어 생체 신호를 실시간으로 감지하는 모니터링 시스템은 돌봄 노동자의 부담을 줄이고, 인간은 정서적 교류와 대화, 맞춤형 케어 같은 고유한 영역에 집중할 수 있다.

이는 돌봄 노동의 탈숙련화가 아니라 심화와 전문화를 가져온다. AI가 데이터와 위험 신호를 먼저 읽어내면, 인간 돌봄 노동자는 그 정보를 바탕으로 개인의 맥락을 해석하고 최적의 대응을 설계하는 전문가가 된다.

이 구조는 돌봄 노동을 단순화하지 않는다. 오히려 돌봄 노동자의 판단 책임을 더욱 분명히 한다. AI가 제공하는 데이터는 선택지를 넓히지만, 어떤 대응이 적절한지는 인간이 맥락을 읽고 결정해야 한다. 이는 돌봄 노동이 보조 인력이 아니라 현장 전문가로 재정립되는 과정이다. 사례를 살펴본다.

핀란드 '에이모(Aimo)': AI 보조가 돌봄의 질을 높이는 모델

핀란드의 요양원에서 간병 로봇 에이모는 투약 알림과 낙상 감지 등 반복 업무를 수행한다. 보호사들은 확보된 시간을 이용해 입소자와 산책을 하거나 대화를 나누며 정서적 지지를 제공한다. 그 결과 보호사의 번아웃은 줄고 돌봄의 심리적 안정성은 높아진다. AI는 인간의 역할을 대체하지 않고 정교하게 보완한다.

한국의 '감성 케어 융합 전문가'

국내에서는 AI 챗봇이 초기 상담을 보조하고, 상담사는 심층 상담과 정서 치유에 집중하는 구조가 형성되고 있다. 특히 경력 단절 여성들이 심리 상담과 코칭에 디지털 역량을 결합해 '감성 케어 융합 전문가'로 재교육받는 사례가 증가하고 있다. 이들은 AI가 제공하는 분석 데이터를 활용하면서, 인간만이 제공할 수 있는 신뢰와 공감, 관계 형성을 기반으로 고부가가치를 창출한다.

여성의 돌봄 역량을 새로운 경제적 자산으로

AI 시대에 돌봄 노동이 재평가되면서, 여성의 전통적인 돌봄 역량은 새로운 경제적 자산으로 전환되고 있다. 이는 단순한 인구 통계적 변화의 결과가 아니다. 조직과 사회가 점점 '사람 사이의 문제'를 핵심 리스크로 인식하기 시작했기 때문이다.

갈등 관리, 신뢰 형성, 협력 구조 설계는 이제 생산성의 주변 요소가 아니라 핵심 변수다. 이러한 역량은 타고난 성향이 아니라 오랜 시간 돌봄과 관계 노동을 통해 축적된 숙련이다. 무급 혹은 저임금 영역에 머물러 있었기에 평가받지 못했을 뿐, 실제로는 고도의 상황 판단과 감정 조율 능력을 포함한다.

AI 윤리와 책임성 검토, 인간 중심 설계, 조직 문화 관리와 같은 영역은 기술 이해와 인간 이해를 동시에 요구한다. 여성의 돌봄 역량은 이 접점에서 경쟁력이 된다. 이는 여성에게 새로운 역할을 부여하는 것이 아니라 이미 존재하던 역량을 정당한 위치로 옮기는 과정이다.

돌봄이 산업의 축이 될 때, 여성은 주변부가 아니라 설계자가 될 수 있다. 이는 개인의 경제적 자립을 넘어, 사회적 의사 결정 구조에서 여성의 발언권을 확장시키는 경로이기도 하다.

돌봄은 더 이상 봉사나 희생으로 정의되지 않는다. 돌봄은 AI 시대의 핵심 경쟁력이자 새로운 산업의 기반이다. AI가 효율을 담당한다면, 인간은 마음과 관계를 담당한다. 돌봄의 재구성은 여성의 역할을 확장시키는 과정이며, 인간 사회가 어떤 방향으로 진화할 것인지를 가늠하는 핵심 기준이 된다.

돌봄의 공공화: 개인의 미덕에서 사회의 책임으로

돌봄의 재평가는 반드시 제도적 전환을 동반해야 한다. 그렇지 않다면 중요하다는 말은 곧 더 많이 감당하라는 압박으로 변질된다. 돌봄을 사회의 핵심 노동으로 인정한다는 것은 그 부담을 개인에게 남겨두지 않겠다는 선언이어야 한다.

오랫동안 돌봄은 여성의 '좋은 마음'이나 '타고난 성향'으로 설명되어 왔다. 그러나 AI 시대에 돌봄이 핵심 인간 노동으로 부상한다는 것은 그 가치를 개인의 미덕이 아니라 사회적 책임과 제도의 영역으로 옮겨야 함을 뜻한다.

돌봄 노동이 지속 가능해지기 위해서는 적정한 보상, 전문성에 대한 인정, 휴식과 회복의 구조가 함께 설계되어야 한다. AI 기술은 돌봄의 효율을 높일 수 있지만, 돌봄의 존엄을 보장하는 것은 제도의 역할이다. 특히 여성에게 집중되어 온 돌봄 부담을 사회가 분담하지 않는 한, 돌봄의 재평가는 또 다른 형태의 부담 전가로 변질될 위험이 있다. 따라서 돌봄의 미래는 기술의 문제가 아니라, 사회가 어떤 가치를 선택하느냐의 문제다.

AI 시대의 진정한 진보는 인간을 덜 필요로 만드는 데 있지 않다. 오히려 인간이 반드시 필요한 영역을 분명히 인식하고, 그 가치를 보호하는 사회적 합의를 만들어가는 데 있다.

돌봄을 선택하는 사회

AI는 사회의 속도를 바꾸고 노동의 형태를 재편하고 있다. 그러나 기술이 아무리 정교해져도 사회가 무엇을 지키려 하는지는 기술이 아니라 인간의 선택에 달려 있다. 돌봄을 어떻게 다루느냐는 그 선택을 가장 분명하게 드러내는 기준이다.

돌봄을 비용으로 취급하는 사회는 단기적 효율을 얻을 수 있을지 모르지만, 장기적으로는 신뢰와 연대의 기반을 잃는다. 반대로 돌봄을 인프라로 인식하고 공공의 책임으로 설계하는 사회는 위기 속에서도 회복력을 유지한다. 돌봄은 약자를 위한 특별한 배려가 아니라 사회 전체를 지탱하는 보편적 장치다.

AI 시대에 인간의 역할은 줄어들지 않는다. 오히려 더 명확해진다. 계산과 예측은 기계가 맡고 의미와 관계, 책임은 인간이 맡는다. 돌봄은 이 경계선에서 인간다움을 가장 선명하게 드러내는 영역이다.

돌봄을 중심에 두는 선택은 여성의 역할을 확장시키는 동시에 사회가 인간을 대하는 방식을 성숙하게 만든다. 어떤 기술을 도입할 것인가보다 중요한 질문은 어떤 가치를 지킬 것인가다. 돌봄을 선택하는 사회만이 AI 시대에도 인간의 존엄을 잃지 않는다.

05
AI 편향과 젠더 불평등

"보이지 않는 편향이 세상을 다시 불평등하게 만든다."
AI는 인간의 데이터를 학습한다. AI는 편향된 과거 데이터를 학습하기 때문에 차별을 재생산할 위험이 있다. 데이터는 중립적이지 않으며, 편향된 코드 속에 차별이 숨어 있다. 공정성 확보를 위해 젠더 감수성과 윤리적 설계가 필수다. 성평등은 기술 시대 사회 안정성과 공정성의 핵심 조건이다.

AI 콘텐츠 크리에이터?

AI는 인간의 데이터를 학습한다. 그리고 그 데이터는 사회의 과거를 반영한다. 문제는 그 과거가 언제나 공정하지도 중립적이지도 않은 데이터와 편향된 코드 속에 '차별'이 자연스럽게 은폐되어 있다는 것이다. AI가 "객관적 판단"을 내리는 것처럼 보이지만, 그 판단은 이미 편향된 세계관 위에 세워져 있다. 이것이 바로 '기계가 만든 차별'의 시작이다.

인공지능(AI)은 21세기의 가장 강력한 혁신 동력이지만, 그 잠재력만큼이나 깊은 윤리적 딜레마를 안고 있다. AI가 인간 사회의 문제, 특히 젠더(Gender) 불평등을 학습하고 재생산하는 현상은 이미 현실로 드러나고 있다. 성평등은 기술 시대 사회 안정성과 공정성의 핵심 조건이다. 공정성 확보를 위해 젠더 감수성과 윤리적 설계가 필수다.

AI는 왜 편향되는가: 데이터의 함정, 과거의 반영

AI는 사람을 닮는다. 아니, 과거의 우리 사회를 그대로 학습한다. 채용 시스템에서 여성보다 남성을 선호하거나, 의료 알고리즘이 남성의 증상을 기준으로 진단을 내리거나, 대출 심사에서 남성 직군의 소득 패턴을 '정상'으로 학습하는 일. 이 모든 차별은 데이터 속에 숨어 있다. 데이터는 기록이지만 기록은 언제나 선택이다. 누가 데이터를 만들었는가? 무엇을 남기고, 무엇을 버렸는가? 그 질문에 따라 '공정한 기술'의 토대가 달라진다.

AI가 차별을 학습하지 않게 하기 위해 필요한 첫 단계는 사회가 스스로 가진 편견을 인정하는 일이다. AI는 차별의 원인이 아니라 사회의 구조적 불평등을 고스란히 비추는 거울이며 그 거울을 통해 다시 확인하게 된다. AI의 편향은 우연이 아니라 구조적 문제에서 비롯된다. 알고리즘이 학습하는 데이터는 과거 사회가 만들어 낸 불평등을 그대로 담고 있기 때문이다.

여성의 경력 단절, 남성 중심 산업 구조, 성별 직무 분리 등은 데이터세트 안에서 자연스럽게 '표준 패턴'처럼 작동한다. 이로 인해 AI는 특정 집단을 과소평가하거나 자동으로 배제하는 결정을 내릴 가능성이 높다.

문제는 이러한 차별이 보이지 않는 방식으로 재현된다는 점이다. 사람이 차별하면 사회가 문제를 제기하지만, 기술이 차별하면 그것은 '정확성'과 '효율'이라는 이름으로 은폐된다. 이 지점에서 AI의 위험성은 시작된다.

편향의 근원: 알고리즘 데이터의 3가지 왜곡

AI 편향의 주요 원인은 세 가지 지점에서 발생한다.

1) 역사적 편향(Historical Bias): 과거의 사회적 불평등이 데이터에 기록된 경우다. 성별 임금 격차가 존재했던 과거 데이터를 학습하면, AI는 새로운 노동자에게도 같은 임금 수준을 '정상'으로 예측한다.

2) 모델 편향: 개발자가 설정한 알고리즘 구조가 특정 패턴을 강화하거나 배제하는 경우 편향이 생길 수 있다.

3) 해석 편향 : 결과를 해석하고 적용하는 과정에서 기존의 사회적 고정관념이 다시 개입하는 현상이다.

대표적인 사례가 아마존 AI 채용시스템이다. 아마존은 2015년부터 대규모 채용을 효율화하기 위해 AI 기반 이력서 심사 시스템을 개발했다. 그러나 시스템은 여성 지원자보다 남성 지원자를 우선적으로 높은 점수로 평가하는 패턴을 보였다. 혁신 기술이 성차별을 강화하는 방식으로 작동한 것이다.

조사 결과, 이 알고리즘은 지난 10년간 아마존에 제출된 수많은 이력서를 학습했는데, 그 데이터의 대부분이 남성 지원자였다. 즉, 과거 기술 산업의 남성 중심 구조가 그대로 '정상값'으로 기록되어 인공지능의 판단 기준이 되어버린 것이다. 여성이 포함된 표현("여성 대학", "여성 클럽 활동")을 부정적으로 평가하거나 남성이 주로 사용한 단어 · 경력 패턴을 더 높게 점수화하는 방식의 구조적 편향이 확인되었다. 결국 아마존은 이 시스템의 한계와 위험성을 인정하고 2018년 해당 프로젝트를 공식 폐기했다.

이 사례는 AI가 단순한 기술적 도구가 아니라 사회적 권력 구조를 반영하고 재생산하는 존재임을 드러내는 대표적 사례다.

AI 산업 내부의 젠더 격차: 설계 주체의 불균형

AI 편향의 근본적인 문제 중 하나는 AI 자체가 불평등한 구조 위에서 개발되고 있다는 사실이다. AI 연구자 중 여성 비율은 20% 미만에 불과하며 AI 스타트업 창업자 중 여성의 비율은 10%도 채 되지 않는다. 이 격차는 단순한 숫자의 문제가 아니다. AI의 설계와 규범, 데이터의 정의 과정에서 여성의 시선이 빠져 있다는 뜻이다. 따라서 "여성의 사회 진출"은 AI를 사용하는 일에 그치지 않고, AI를 만드는 자리까지 확장되어야 한다. AI가 세상을 바꾼다면, 그 세상을 디자인하는 손도 사회의 다양성을 반영해야 한다.

공정한 AI를 위한 제도적 대안으로 기술을 넘어선 사회적 책임이 절실하다. AI의 편향 문제는 기술적인 개선만으로는 완전히 해결되지 않는다. 사회 구조와 윤리, 교육, 법적 제도가 복합적으로 함께 작동할 때 비로소 극복될 수 있는 사회적 과제다. AI가 차별을 반복하는 도구가 아니라 기존의 불평등을 해체하는 도구가 될 수 있도록 적극적인 정책적 노력을 기울여야 한다.

핵심적인 제도적 대안

데이터 다양성 정책 의무화: AI 학습 데이터세트에 여성, 장애인, 소수 인종, 지역 등 다양한 사회 구성원의 데이터를 적극적으로 수집하고 표준화하는 것을 의무화해야 한다. 또한 공공 AI 모델에 대해 젠더 관점의 사전 검증을 실시하고, 그 결과와 기준을 공개함으로써 투명성을 강화한다.

여성 개발자 및 연구자 육성: STEM(과학, 기술, 공학, 수학) 분야에서의 여성 교육 및 멘토링 프로그램, 여성 창업 지원 등을 대폭 강화하여 AI 설계 단계부터 다양성을 확보할 수 있도록 인력 구조의 근본적인 변화를 유도해야 한다.

젠더 인식 및 감수성 교육 의무화: 알고리즘 설계자와 데이터 과학자를 포함한 모든 개발자들에게 AI 편향의 사회적 파급력과 젠더 감수성에 대한 교육을 의무화하여, 개발 과정에서의 무의식적 편향을 제거한다.

이런 제도들이 함께 작동할 때, AI는 기존의 불평등을 되풀이하는 도구가 아니라 차별을 해체하는 기술이 될 수 있다.

의료·금융 분야의 젠더 편향 : 생명과 경제를 위협

AI 편향은 채용을 넘어 생명과 경제활동과 직결되는 핵심 분야에서도 심각한 위험을 초래한다.

의료 분야에서 AI는 생명을 위협할 수 있다. 예를 들어, 심장 질환 진단 AI 모델은 남성의 심장병 데이터에 집중 학습되어 여성 환자의 증상을 오진할 위험이 크다. 또한 피부과 진단 AI는 백인 피부 데이터를 중심으로 학습되어 유색 인종의 피부 질환 진단 정확도가 현저히 낮게 나타나는 사례도 이미 보고되었다. 이는 데이터 수집 단계에서 성별과 인종의 다양성이 확보되지 않았기 때문에 발생하는 생명과 직결된 차별이다.

금융 분야 역시 마찬가지다. 여성의 낮은 평균 소득, 단절된 경력은 AI 시스템에서 자동으로 '고위험군'으로 분류된다. 그 결과 여성은 더 높은 금리와 더 낮은 대출 한도를 부여받는다. AI는 과거의 불평등을 '미래의 기준'

으로 만들 위험을 품고 있다.

인간의 책임, 기술의 미래

AI는 책임을 지지 않는다. 오직 인간만이 결과에 책임을 진다. 우리가 AI에게 권한을 넘길수록 그 결과에 대한 사회적 책임은 더 커진다. 따라서 기술의 미래를 결정하는 것은 알고리즘의 코드가 아니라 인간이 무엇을 가치라고 선택하고 어떤 사회를 지향하느냐에 따른 가치의 선택이다.

공정한 AI란 공정한 사회의 거울이다. 그 거울 속에서 여성이 보이지 않는다면 그 기술은 이미 불완전하다. AI는 여성에게 새로운 기회를 줄 수 있다. 그러나 그것이 현실이 되려면 기술은 더 투명해야 하고 사회는 더 성숙해야 한다. AI 시대의 성평등은 기술의 진보가 아니라 인간의 성찰에서 시작된다. 여성이 AI의 사용자에서 나아가 설계자이자 감독자, 윤리적 방향을 제시하는 주체로 참여해야 한다. 기술의 다양성은 윤리가 아니라 완성도의 문제다.

AI 시대에 젠더 불평등 문제가 더욱 중요한 이유는 단순하다. 기술은 중립적이지 않고 사회가 남긴 불평등을 정확하게 학습하기 때문이다. AI는 데이터를 기반으로 판단을 내리지만, 그 데이터가 이미 왜곡되어 있다면 기술은 공정성을 강화하는 대신 기존의 차별을 더욱 정교하게 재생산한다. 더 나쁜 것은 그 차별이 "정확성"과 "객관성"이라는 외피를 두른 채 보이지 않는 형태로 작동한다는 점이다. 기술이라는 이유로 의심하지 않는 순간 차별은 사회 깊숙이 고착된다.

따라서 AI 시대의 성평등은 단순히 새로운 권리를 요구하는 문제가 아니다. 기술을 설계하는 단계에서부터 인간의 시선을 재구성하는 문제이며, 사회 전체의 공정성을 지키기 위한 필수 조건이다.

여성의 관점은 AI의 사각지대를 드러내는 역할을 하며, 기술의 공정성을 검증하는 중요한 감각으로 작동한다. AI 개발, 데이터 정책, 윤리 기준을 설계하는 자리에서 여성의 참여가 확대되는 이유가 여기에 있다. 이는 선택이 아니라 기술의 완성도를 위해 필요한 구성 요소다.

AI는 차별을 만들 수도 있고, 차별을 줄이는 도구가 될 수도 있다. 결국 문제를 결정하는 것은 기술이 아니라 기술을 사용하는 인간의 가치다. 성평등 관점이 포함되지 않으면 AI는 사회적 약자를 더 약하게 만들고, 격차를 더욱 넓히는 불평등의 기계가 된다. 반대로, 다양한 시선이 설계 과정에 참여한다면 AI는 오히려 그동안 해결하지 못했던 구조적 불평등을 새로운 방식으로 치유하는 기술이 될 수 있다.

AI 시대의 성평등은 미래에 관한 논의가 아니라 지금 당장 시작해야 할 책임이다. 기술의 방향을 결정하는 것은 코드가 아니라 인간의 선택이며, 그 선택 속에서 여성의 리더십은 반드시 중심에 자리해야 한다. 공정한 기술은 공정한 사회의 결과이자 조건이다. 이제 우리는 기술이 아니라 기술을 만드는 인간의 가치에 대해 질문해야 한다. AI 시대의 성평등은 그 질문의 시작이다.

06
리더십의 전환: 공감·협력

"진정한 리더는 앞서가는 사람이 아니라 함께 가는 사람이다."
산업화 시대의 리더십이 속도 · 지시 · 통제를 중심으로 움직였다면, AI 시대의 리더십은 전혀 다른 능력을 요구한다. 이제 리더십은 '많이 아는 사람'보다 '잘 연결하는 사람', '명령하는 사람'보다 '함께 설계하는 사람'이 중심으로 이동하고 있다. 공감, 경청, 협력, 관계 구축 능력 등 기존에 여성 리더십의 강점으로 여겨지던 특성이 새로운 시대의 핵심 가치로 부상했다.

AI와 민주주의?

경쟁에서 협력으로: 리더십 패러다임의 이동

기존 리더십은 단일 목표와 성과 지향의 흐름을 중심으로 구성됐다. 그러나 디지털 전환은 혁신을 '각 분야의 전문성이 연결되는 과정'에서 만들어 낸다. AI 기술이 많은 업무를 자동화하면서 리더의 역할은 지식을 전달하는 것을 넘어 '사람과 사람, 기술과 사람을 조율하는 능력'으로 확장된다. 복잡한 문제일수록 리더의 독단적 판단보다 구성원의 자율성과 참여가 더 큰 성과를 만든다.

예시) 디지털 전환 프로젝트를 살린 한 마디

한 공공기관은 AI 기반 민원 자동응답 시스템을 도입하는 과정에서 난관을 겪고 있었다. 기술팀 · 민원팀 · 기획팀은 서로 다른 우선순위를 주장했고, 회의는 결론 없이 반복됐다. 새로 부임한 여성 리더는 첫 회의에서 이렇게 말했다.

"우리가 지금 해결하려는 문제는 이 기술이 우리 일을 대신하는 것이 아니라, 우리 시간을 되돌려주는 방식을 찾는 것입니다."

이 질문 하나는 팀의 시선을 '기술 도입'에서 '일의 재설계'로 바꾸었다. 이후 팀은 각 부서의 어려움을 공유했고, 실제 업무 흐름을 기준으로 시스템이 조정되면서 프로젝트는 안정적으로 완료되었다.

이 사례는 AI 시대 리더십이 기술의 빠른 도입보다 구성원의 관점을 연결하고 의미를 재정립하는 데서 시작된다는 점을 보여 준다.

감성적 통찰의 시대: AI가 대체할 수 없는 리더십

AI는 방대한 데이터를 분석하고 전략적 판단을 제안할 수 있지만, 사람의 감정 · 동기 · 관계의 맥락을 읽는 능력은 여전히 인간 리더의 고유한 영역이다. 조직 내 갈등 해결, 팀원 보호, 다양성 관리, 사회적 책임 판단 등은 모두 기술이 대체할 수 없는 리더의 역할이다. 특히 여성 리더십 특유의 감성적 통찰은 조직 안정성과 혁신을 동시에 이끌어내는 데 강점을 가진다. 여러 연구는 여성 리더가 이끄는 조직일수록 다음과 같은 특징이 강하게 나타난다고 지적한다.

- 구성원 만족도 및 몰입도 증가.
- 윤리적 사고 강화.
- 다양성 · 포용성 정책 실현 가능성 증가.
- 장기적 관점의 전략 수립.
- 조직 내 학습 · 협력 문화 강화.

예시) 위기 대응의 차이: 투명성의 힘

한 플랫폼 기업에서 개인정보 오류로 서비스가 일시 중단되는 사건이 발생했다. 과거 같으면 '즉각 복구'가 우선이었지만, 여성 리더가 팀을 이끌며 먼저 진행한 것은 정확한 현황 공유였다.

"우리가 알고 있는 것, 아직 모르는 것, 그리고 지금부터 할 일." 이 단순한 세 가지 문장을 기준으로 팀은 혼란 없이 움직였다. 결과적으로 복구 속도는 타 부서보다 빨랐고, 무엇보다 사용자 이탈이 거의 없었다. 리더가 위기에서 투명성과 신뢰를 유지했기 때문이다.

이 사례는 리더십이 빠른 지시보다 조직의 감정을 안전하게 관리하는 역량에서 힘을 발휘한다는 점을 보여준다.

여성의 역할: 포용적 리더십의 확산

페이페이 리(Fei-Fei Li): 휴먼 센틀릭(HAI)의 AI 창시자

"AI는 인간의 일을 대체하지 않습니다. 오히려 더 많고 새로운 일을 만들어 낼 것입니다."

인공지능의 대모로 불리는 중국 태생의 페이페이 리

(1976년생)는 스탠퍼드대 컴퓨터 공학 교수로 인간중심 AI연구소를 공동 창립했다. "AI는 인간을 중심에 두어야 한다"는 원칙으로 세계 학계·정책에 확산시킨 여성 리더로서의 모범을 보였다. 이미지넷 구축으로 컴퓨터 비전 대혁신을 이끌었지만 기술보다 "사람"을 강조한 AI 기술력, 윤리, 공공성이라는 리더십의 전형을 보여 주고 있는 사례다.

AI 편향 검증의 선구자, MIT 미디어랩 출신의
조이 불람위니(Joy Buolamwini)

블람위니는 얼굴인식 알고리즘의 인종·성별 편향을 최초로 데이터 기반 입증했다. 그녀의 연구 이후 IBM·마이크로소프트·아마존의 얼굴인식 서비스가 중단됐고 수정을 촉발했다. 불평등을 기술로 드러내고 교정한 사회적 리더십의 모범이라 할 수 있다.

이외에도 스튜어트 러셀과 함께 AI 안전성을 주장한 여성 연구자들인 다니엘라 루스(Daniela Rus, MIT)와 마가렛 미첼(Margaret Mitchell)은 AI 기술 개발이 윤리·인권·공공성의 틀 안에 들어가도록 방향을 제시하는 리더십을 발휘했다.

한국은 아직 '대표적 여성 AI 리더'가 충분히 부각되지 않은 편이지만 몇 가지 흐름이 나타나고 있다. 카이스트, ETRI, 학계 여성 전문가들이 AI 윤리 · 데이터 편향 연구는 물론 정부의 AI 윤리 기준 · 데이터 정책에도 여성 전문가들의 참여가 확대되고 있다. 에듀테크, 헬스케어, 공공복지 데이터 혁신 분야에서 여성 CEO, 정책가, 연구자들의 역할이 빠르게 증가하는 한국형 여성 리더십의 특징은 기술 중심이 아니라 인간 중심의 방향을 설정하고 있다는 점이다.

AI 시대의 리더십은 단순히 여성 리더의 숫자를 늘리는 것이 목적이 아니다. 조직 전반에 공감 · 포용 · 윤리 · 협력이라는 새로운 리더십 모델을 확산하는 것이 핵심이다. 서번트 리더십이나 변혁적 리더십처럼 구성원의 자율성과 성장을 중심에 놓는 방식은 여성 리더가 자연스럽게 강점을 발휘하는 영역이다. 특히 AI가 만들어 낼 불확실한 변화 속에서, 여성 리더는 기술과 인간 사이의 간극을 줄이고, 조직이 장기적으로 지속 가능한 방향을 선택하도록 돕는 역할을 맡게 된다.

여성 리더십은 기술 중심 시대가 요구하는 새로운 리더십의 중요한 축이 된다. 기술보다 가치를 먼저 묻고 협업과 조율, 관계 기반의 문제해결 방식을 찾는다. 불평등 · 편향을 감지하는 감수성, 여성, 청년, 노년층 등 소외된 집단의 삶 개선에 기술을 사회 인프라로 보고 미래를 만드는 주체로서의 리더십이 확산되고 있다고 본다.

이 장에서 말하는 여성 리더십은 성별의 문제가 아니다. AI 시대가 요구하는 리더십의 방향을 가장 먼저 체화한 사례들이다.

의사 결정의 재구성: 빠른 판단에서 숙의로

AI는 즉각적인 판단과 최적의 선택지를 제시할 수 있다. 그러나 그 판단이 사회적으로 어떤 영향을 미치는지는 계산하지 않는다. AI 시대의 리더십은 더 빨리 결정하는 능력이 아니라 결정을 늦출 줄 아는 용기에서 드러난다. 복잡한 사회 문제일수록 단일 리더의 직관보다 다양한 관점의 숙의가 더 나은 결과를 만든다. 공감과 협력 중심의 리더십은 의사 결정 과정을 분산시키고, 책임을 공유하며, 오류 가능성을 줄인다.

여성 리더십이 주목받는 이유는 바로 이 지점이다. 여성 리더는 결론보다 과정, 속도보다 맥락, 승자보다 공동체의 지속 가능성을 우선시하는 경향을 보여 왔다. 이는 감정적 판단이 아니라 복잡한 시스템에서 안정성을 확보하는 합리적 선택이다. AI 시대의 리더는 "무엇이 가능한가"보다 "이 선택이 누구에게 어떤 영향을 미치는가"를 먼저 묻는 사람이다.

권력의 이동: 지배하는 리더에서 조율하는 리더로

전통적 리더십은 통제와 지시에 기반했다. 그러나 AI가 정보와 판단을 독점하지 않게 되면서, 리더의 권력은 더 이상 지식에 있지 않다. 오늘날 리더십의 핵심 권력은 조율 능력이다. 이질적인 이해관계, 기술과 인간, 효율과 윤리를 연결하는 힘이다.

여성 리더는 조직 내 비가시적 관계망을 읽고, 갈등을 조기에 감지하며, 배제된 목소리를 의사 결정 구조 안으로 끌어들이는 데 강점을 보여 왔다. 이는 부드러운 리더십이 아니라 분열을 관리하는 고난도의 통치 기술에 가깝다.

AI 시대의 리더는 더 이상 위에서 명령하지 않는다. 대신 방향을 제시하고, 안전한 대화를 만들며, 공동의 기준을 설계한다. 이 역할에서 여성 리더십은 하나의 '대안'이 아니라 이미 작동 중인 '미래형 모델'이다.

07
평생학습과 디지털 학습 혁명

"배움은 생존의 기술이자 자유의 시작이다."
AI 시대의 학습은 생존 전략이 되었다. 특히 여성에게 배움은 단순한 선택이 아니라 경제적 독립, 사회적 참여, 미래 자율성을 확보하는 핵심 조건이 된다.
여성에게 평생학습은 경제적 독립과 사회적 참여를 위한 필수 조건이다. 국제사회는 여성의 디지털 역량 강화를 핵심 의제로 삼고 있으며, 새로운 문을 여는 열쇠는 지속적 평생학습 능력이다.

AI와 애니메이션?

디지털 역량: 새롭게 정의된 생존의 기술

"배움은 생존의 기술이자 자유의 시작이다." AI 시대의 '문해력(리터러시)'은 더 이상 읽고 쓰는 능력만을 의미하지 않는다. 기계와 소통하고, 데이터를 이해하고, 기술을 도구로 활용하는 능력은 현대 사회의 새로운 기본기다.

과거의 문해력은 글을 읽고 쓰는 능력을 의미했다. 그러나 디지털 전환 이후 문해력은 정보의 신뢰성을 판단하고, 플랫폼의 구조를 이해하며, 기술이 제시하는 선택지를 비판적으로 해석하는 능력까지 포함하게 되었다.

AI 시대의 문해력은 한 단계 더 나아간다. 인간은 이제 단순히 기계를 사용하는 존재가 아니라 기계의 판단 과정과 한계를 인식하고 그 결과에 책임을 지는 주체가 되어야 한다. 이러한 능력이 없는 상태는 단순한 기술 미숙이 아니라 경제활동에서의 배제와 사회적 발언권의 축소로 이어질 수 있다. 디지털 문해력은 선택의 자유를 가능하게 하는 최소한의 조건이다.

AI 기반 플랫폼은 여성의 경제활동 참여 방식을 근본적으로 바꾸고 있다. 과거에는 물리적 이동, 가족 돌봄, 지역적 제약 등이 여성의 경제활동에 걸림돌로 작용했다. 그러나 AI 기반 플랫폼 경제는 다음과 같은 변화를 만들어 냈다.

- 온라인 창업: 제품 판매, 콘텐츠 제작, 강의, 디자인 등 진입 장벽이 낮아졌다.

-플랫폼 노동 확대: 번역, 편집, 마케팅, 코칭, 데이터 업무 등 다양한 디지털 직무가 열렸다.

- 지역 · 시간 제약 해소: 육아 중이거나 지방에 거주해도 원격과 비대면으로 경제활동이 가능해졌다.

AI 기반 플랫폼 경제는 여성에게 새로운 기회를 제공하지만 그 기회는 결코 자동적으로 주어지지 않는다. 플랫폼은 진입 장벽을 낮추는 동시에 경쟁을 전면화한다. 성과는 개인의 역량으로 환원되고, 실패의 책임 역시 개인에게 남는다. 특히 돌봄과 노동을 병행하는 여성에게 플랫폼 노동은 자유인 동시에 불안정한 선택지이기도 하다. 따라서 AI 플랫폼이 여성의 경제활동을 확장하는 도구가 되기 위해서는 기술 접근성뿐 아니라 안정성, 보호 장치, 지속 가능성이 함께 논의되어야 한다.

사례. 부업에서 시작된 창업: AI 마케팅의 힘

아이 셋을 키우느라 직장을 떠났던 한 여성은 AI 기반 사진 편집 툴과 온라인 마켓 플랫폼을 배워 작은 공방을 열었다. 초기에는 집 부엌 테이블에서 소량의 수제품을 판매했지만, AI 마케팅 툴을 활용해 소비자 데이터를 분석한 뒤 매출이 빠르게 성장했다. 그녀는 "배우지 않았다면 시작하지 못했을 일"이라고 말한다. 그녀에게 가장 어려웠던 것은 기술 자체보다 '시작해도 되는가'라는 질문이었다. 사진 편집 프로그램과 데이터 분석 툴은 낯설었고, 온라인 마켓의 알고리즘은 보이지 않는 규칙처럼 느껴졌다. 처음 몇 달은 매출보다 시행착오가 더 많았다. 그러나 반복 학습과 소규모 실험을 통해 그는 소비자의 반응을 읽는 법을 배웠고, 기술은 점차 두려움의 대상이 아니라 손에 익은 도구가 되었다.

이 과정은 단기간의 성공담이 아니라 배움이 삶의 반경을 확장하는 방식에 대한 하나의 증거다. 이 사례는 배움이 새로운 기회의 문을 여는 가장 현실적인 힘임을 보여 준다.

평생학습의 재발견:
경력 단절을 '새로운 출발점'으로

기술의 변화는 경력 단절을 되돌릴 수 없는 손실이 아니라 새로운 시작의 지점으로 바꾸고 있다.

맞춤형 직업 훈련의 확산: AI 기반 학습 플랫폼은 개인의 수준 · 속도에 맞춰 교육을 제공한다. 짧은 시간 집중 학습, 반복 강의, 맞춤형 교재가 가능해지면서 돌봄으로 시간이 제한된 여성도 꾸준히 역량을 쌓을 수 있다.

신규 직무로의 빠른 진입: 코딩 · 데이터 분석 · 디지털 디자인은 더 이상 고학력자의 영역만이 아니다. 온라인 부트캠프, 직업 교육, 단기 과정만으로도 AI 관련 업무에 진입할 수 있다. 특히 데이터 라벨링, AI 품질 검수, 콘텐츠 검증 등은 교육 기간이 짧아 재취업에 매우 유리하다.

원격 근무의 일상: AI 기반 협업 도구, 자동화 일정 관리, 메시징 플랫폼의 확대는 돌봄과 일을 병행하기 어렵다는 구조적 문제를 상당 부분 해소했다. 여성은 스스로 시간 · 노동 강도를 조절하면서 일과 학습을 병행하는 자기 주도적 노동 모델을 구축할 수 있게 되었다.

그러나 평생학습이 모든 문제의 해답처럼 제시되는 현실에는 경계도 필요하다. 학습의 부담이 개인에게 과도하게 전가될 때, 배움은 해방이 아니라 또 다른 경쟁이 될 수 있다. 특히 중장년 여성에게 "배우지 않았기 때문에 뒤처졌다"는 서사는 구조적 문제를 개인의 노력 부족으로 환원시킬 위험이 있다.

따라서 평생학습은 개인의 의지만으로 완성되는 과제가 아니라 사회적 지원과 제도적 뒷받침 속에서 작동해야 한다. 배움이 기회가 되기 위해서는 실패해도 다시 시도할 수 있는 안전망이 필요하다.

사례. 밤 9시의 강의: 40대의 재도약

아이를 재운 뒤 온라인 강의를 듣기 시작한 한 여성은 데이터 분석과 태깅 업무로 첫 일을 시작했다. 1년 뒤 그는 AI 모델 검수까지 맡으며 프리랜서로서 안정적 수익을 만들었다. "30대의 나는 갇혀 있다고 느꼈지만, 40대의 나는 배움을 통해 다시 살아났다." 평생학습은 나이를 줄이는 일이 아니라 가능성을 되살리는 일이다. 밤 9시는 하루 중 가장 조용하지만, 동시에 가장 지친 시간이었다. 강의를 듣는 동안 그는 여러 번 포기하고 싶은 순간을 맞았다. 이해되지 않는 용어와 빠른 속도는 좌절감을 안겼다. 그럼에도 불구하고 학습을 멈추지 않았던 이유는, 기술을 익히는 일이 단순한 취업 준비가 아니라 자기 삶을 다시 설계하는 과정이라는 자각 때문이었다.

이 사례는 배움이 나이를 줄이거나 지우는 일이 아니라

시간과 삶의 가능성을 다시 배치하는 일임을 보여 준다.

STEM 진출과 디지털 역량: 미래를 여는 핵심 축

여성의 STEM(과학 · 기술 · 공학 · 수학) 분야 참여는 아직 충분하지 않지만, AI 시대의 여성 경제활동을 결정짓는 핵심 요인이다. 여성의 STEM 진출이 중요한 이유는 단지 고소득 직무 접근 때문만은 아니다.

기술을 설계하고 결정하는 위치에 누가 서 있는가는 사회 전체의 가치가 어떻게 코드화되는가와 직결된다. AI 알고리즘에 반영되는 데이터와 판단 기준은 중립적이지 않으며 설계자의 경험과 시각을 반영한다. 여성의 STEM 참여 확대는 기술 경쟁력의 문제가 아니라 기술의 방향성을 민주적으로 조정하는 문제다.

글로벌 프로그램

Women in AI: 여성 AI 전문가 연결, 멘토링 · 창업 지원.
Girls Who Code: 소녀 · 청소년의 기술 진입 확대.
EU Horizon: 여성 연구자 · 혁신가의 프로젝트 참여 확대.

이러한 글로벌 흐름은 STEM 교육이 단순한 기술 교육이 아니라 성평등 회복 전략임을 보여 준다.

한국의 과제: 기회의 격차

한국 사회는 디지털 전환 속도가 빠르지만 여성의 교육 접근성은 여전히 격차가 크다. 도시-농촌, 고학력-저학력, 청년-중장년의 세 축의 격차가 뚜렷하며, 특히 40~60대 여성의 디지털 교육 접근성이 가장 낮다. 이 격차가 해소되지 않는다면 AI 시대의 경제활동 격차는 더욱 확대될 가능성이 높다.

한국 사회에서 디지털 교육은 여전히 '청년 중심'으로 설계되어 있다. 중장년 여성에게 제공되는 교육은 단기 · 저임금 직무에 한정되는 경우가 많고 기술 변화의 속도를 따라가기에는 내용이 부족한 경우도 적지 않다. 이로 인해 여성 내부에서도 새로운 격차가 발생하고 있다. AI 시대의 교육 격차는 단순한 세대 문제가 아니라 성별과 계층이 교차하는 구조적 문제다.

정책 제언: 여성 맞춤형 학습 인프라 구축

1) 국가 수준의 디지털 역량 목표 설정. 2) 맞춤형 학습 플랫폼 구축(연령 · 수준 · 학습 환경에 최적화). 3) 고용 연계형 교육 설계. 4) 교육비 지원 및 전환기 소득 보전 제도. 5) 멘토링 · 여성 기술 네트워크 활성화.

평생학습은 더 이상 교육 정책이 아니라, 여성 경제정

책이며 국가 경쟁력 전략이다.

평생학습을 넘어: 디지털 시민 역량의 확보

기술을 사용하는 능력만으로는 충분하지 않다. 여성은 AI 윤리, 데이터 프라이버시, 알고리즘 편향 등 기술의 사회적 영향을 이해하고 감시할 수 있어야 한다. 이는 여성의 경제적 권리뿐 아니라 민주주의와 시민성을 지키는 데 중요하다.

디지털 역량은 여성에게 경제적 자립과 사회적 영향력 확대의 두 가지를 동시에 가능하게 하는 핵심 무기가 된다. 디지털 역량은 단순히 더 많은 일을 하기 위한 능력이 아니다. 그것은 기술이 만들어 내는 세계 속에서 인간으로 남기 위한 조건이다.

여성이 AI 시대에 배움을 선택하는 이유는 경쟁에서 이기기 위해서가 아니라 스스로의 삶을 해석하고 결정할 수 있는 권한을 지키기 위함이다. 기술은 중립적이지 않으며 그 방향은 언제나 선택의 결과다. 평생학습과 디지털 시민 역량은 여성 개인의 생존 전략이자 사회가 어떤 미래를 선택할 것인가에 대한 집단적 답변이다.

08
기술 기반 여성 경제 생태계

“기술의 중심에 설 때, 여성의 경제도 비로소 자립한다.”
플랫폼 경제와 1인 창업, 프리랜서 확장은 여성의 경제적 자립을 크게 확대했다.
기술은 더 이상 남성의 전유물이 아니다.
AI · 데이터 · 디지털 플랫폼은 여성에게 이전 세대에서는 상상할 수 없었던 ‘경제적 자립의 도구’가 되어 여성에게 새로운 기회의 장이 되고 있다. 이는 단순 기술 발전이 아니라 여성 경제 주체성의 재편이다.

AI와 인재 채용?

플랫폼이 만든 새로운 경제 무대:
여성의 '접속 가능한 노동시장'

플랫폼의 핵심 가치는 '접속성'이다. 한 번 접속하면 누구나 일자리에 접근할 수 있고, 누구나 자신의 기술을 상품화할 수 있다. 과거 노동시장은 물리적 이동, 조직 출퇴근, 장시간 근무를 중심으로 운영되었다. 이 구조는 육아와 돌봄을 병행해야 하는 여성에게 불리하게 작용했다. AI 기반 플랫폼은 이 제약을 해체했다.

- 배달 · 운송 플랫폼: 시간 선택이 자유롭고, 단시간 노동이 가능하다.
- 번역 · 디자인 · 콘텐츠 제작 플랫폼: 기술이 강점이 아니더라도, AI 보조툴을 통해 생산성이 극대화된다.
- 코칭 · 상담 플랫폼: 경력 단절 여성의 기존 경험을 다시 경제적 자산으로 전환할 수 있다.
- 교육 플랫폼: 여성의 전문성 · 취미 · 경험이 '지식 서비스'로 재탄생하는 구조가 마련되었다.

여성이 경제활동에 다시 '접속'하게 되는 순간, 노동시장의 구조는 자연스럽게 다양성을 회복하기 시작한다. 플랫폼이 모든 문제를 해결해 주는 것은 아니다. 접속성은 기회를 넓히지만 동시에 경쟁을 극단적으로 개인화한다. 알고리즘은 중립적인 것처럼 보이지만 실제로는 성과 · 속도 · 평점 중심의 기준을 강화한다. 이는 돌봄과 병행하는 여성에게 또 다른 압박으로 작용할 수 있다. 플랫폼 노동이 여성의 경제적 자립으로 이어지기 위해서는 단순한 '접속'이 아니라 공정한 보상 구조와 안전망이 함께 설계되어야 한다. 기술이 만든 노동시장은 여전히 사회적 선택의 결과다.

프리랜서와 1인 창업: 여성 경제적 자립의 핵심 경로

AI는 여성의 1인 창업과 프리랜서 확산을 실질적으로 뒷받침하는 기반 기술이 되었다. AI는 업무 자동화와 생산성 향상, 시장 분석, 마케팅 지원 등을 통해 "나 혼자" 시작해도 충분히 경쟁 가능한 환경을 만들어 준다. 1인 여성 창업은 다음과 같은 특징을 보인다.

첫째, 비용이 적다. 온라인 기반 창업은 초기 투자 없이 시작해도 된다. AI 도구(디자인 · 글쓰기 · 접객 · 고객 관리)는 많은 비용을 절감시킨다.

둘째, 시장 접근성이 높다. 디지털 마켓 플랫폼은 누구나 판매자로 등록할 수 있고 지역 · 국가를 넘어 글로벌 시장에도 접근할 수 있다.

셋째, 시간의 유연성이 높다. 프리랜서 · 플랫폼 창업은 자신이 원하는 시간에 일하고 가족 돌봄과 병행할 수 있는 탄력적 구조를 제공한다.

넷째, 경력 단절의 상처가 '경험'으로 재탄생한다. 육아 경험은 부모 코칭 콘텐츠로, 조직 경험은 비즈니스 컨설팅으로, 취미 활동은 디지털 상품으로 확장될 수 있다.

플랫폼이 모든 문제를 해결해 주는 것은 아니다. 접속성은 기회를 넓히지만, 동시에 경쟁을 극단적으로 개인화한다. 알고리즘은 중립적인 것처럼 보이지만 실제로는 성과 · 속도 · 평점 중심의 기준을 강화한다. 이는 돌봄과 병행하는 여성에게 또 다른 압박으로 작용할 수 있다.

플랫폼 노동이 여성의 경제적 자립으로 이어지기 위해서는 단순한 '접속'이 아니라 공정한 보상 구조와 안전망이 함께 설계되어야 한다. 기술이 만든 노동시장은 여전히 사회적 선택의 결과다.

실제 창업 사례

사라 데이비스, 방에서 시작된 글로벌 공예 브랜드

영국의 사라 데이비스(Sara Davies)는 대학 시절, 집에서 작은 공예용품을 제작해 온라인으로 판매하기 시작했다. 초기 자본도, 특별한 기술도 없었지만 SNS와 디지털 디자인 도구를 활용해 제품을 알리고 소비자의 반응을 실시간으로 분석했다. 온라인 플랫폼 판매 전략은 빠르게 효과를 냈고, 그녀가 만든 브랜드는 불과 몇 년 만에 글로벌 시장으로 확장되었다. 사라 데이비스는 인터뷰에서 "기술은 창업의 장벽을 낮추고 아이디어를 실제 시장에서 시험할 수 있는 기회를 열어줬다"고 말했다.

이 사례는 여성의 작은 시도도 기술을 기반으로 확장될 수 있으며, 1인 창업이 더 이상 '특별한 사람'의 이야기가 아니라는 점을 잘 보여 준다. 기술은 여성에게 시장 접근성을 열어 주는 가장 강력한 동력이 되고 있다.

로야마흐붑, 기술을 통해 여성에게 시장을 열어 준 소규모 IT 스타트업 창업자

아프가니스탄 출신의 로야마흐붑(Roya Mahboob)은 극도로 보수적 문화와 정치적 불안정 속에서도 IT 회사를 설립한 여성 창업자다. 2010년, 그녀는 초기 자본 2만 달러로 Afghan Citadel Software Company(ACSC)를 두 명의 대학 동기와 공동 창업했다. 이 회사는 단순한 소프트웨어 개발 기업이 아니라 여성에게 IT 일자리를 제공하기 위해 설계된 일종의 “여성 디지털 경제 플랫폼”의 역할을 했다. 이후 그녀는 Digital Citizen Fund를 설립해 소녀와 여성들에게 인터넷 문해력과 코딩을 가르쳤고, 이 프로그램을 통해 수천 명의 여성들이 디지털 일자리 · 프리랜서 기회 · 소규모 온라인 창업을 시작할 수 있도록 이끌었다. 그녀는 2013년 TIME이 선정한 ‘세계에서 가장 영향력 있는 100인’에 포함되었으며, “기술을 배웠다는 이유만으로 사회적 제약을 돌파할 수 있었다”는 메시지를 세계에 남겼다.

그녀의 사례는 기술이 여성에게 단순한 직업 도구가 아니라 시장에 접근하는 권리와 자기 삶의 설계 능력을 제공하는 결정적 인프라가 될 수 있음을 증명한다.

코드그램(Codegream), 소규모 스타트업 창업 성공 모델

한국에서도 기술 기반의 여성 주도 창업 사례가 등장하고 있다. Codegream(대표 윤주원)은 2022년에 설립된 여성 · 청년 중심의 기술 스타트업으로, 프로그래밍 지식이 없어도 누구나 3D 기반 웹사이트를 만들 수 있는 저작 플랫폼을 개발했다. 창업 초기부터 자본이나 인력이 충분치 않았지만, 기술 하나로 글로벌 시장에 도전하는 전략을 고수했다. 이 회사는 2025년 세계지식재산기

구(WIPO) 글로벌어워즈 본상을 수상하며 국제적으로 기술 · 지식재산 경쟁력을 인정받았다.

이 사례는 여성 창업자도 고급 기술 분야에서 경쟁할 수 있고, 초기 규모와 경험의 한계를 플랫폼 · AI · 디지털 도구로 보완할 수 있음을 보여 준다.

위 두 사례는 1인 창업자는 아니다. 창업의 성패는 아이디어, 기획, 시장성과 운영 전략 등 '사람의 역량'과 '문제 해결력'에 달려 있다는 점이 드러난다. 기술은 도구일 뿐이다. 이들의 사례를 본다면, 기술은 여성에게 '할 수 있는 일'을 넓힌 것이 아니라, '선택할 수 있는 미래'를 넓혀 주고 있다."

이 사례들이 공통적으로 보여 주는 것은 개인의 특별함이 아니라 구조의 변화다. 이들은 기술을 소유한 사람이 아니라 기술을 활용할 수 있는 환경에 접근한 사람들이다. 따라서 여성 창업의 확산은 몇 명의 성공 사례로 평가할 문제가 아니라, 얼마나 많은 여성이 실패해도 다시 시도할 수 있는 구조를 갖추었는가로 판단해야 한다. 진정한 성공은 '스타 창업자'의 탄생이 아니라 평범한 시도가 가능한 생태계의 형성이다.

여성 경제 생태계의 확장: 기술이 여성에게 주는 세 가지 기회

기술 기반 여성 경제 생태계는 단순한 '창업 붐'이 아니다. 구조적 변화다.

여성 창업의 고도화: 핀테크·헬스테크·에듀테크·케어테크

기술은 여성에게 새로운 창업 분야를 직접 열어주고 있다. 1) 핀테크: 개인 재무 · 소액투자 · 가계관리 서비스는 여성 창업자의 강점인 '생활밀착형 관찰력'과 잘 맞아떨어진다. 2) 헬스테크: 여성 건강 · 산후 케어 · 심리 웰빙 서비스는 시장의 폭발적 수요가 있다. 3) 에듀테크: 강의 · 튜터링 · 학습 콘텐츠 제작이 AI로 극도로 쉬워졌다. 4) 케어테크: 고령화 · 돌봄 인력 부족 현상 속에서 여성의 경험 기반 솔루션이 시장성을 가진다.

이 네 영역은 동시에 여성의 사회적 경험과 디지털 기술이 결합하는 대표 산업이다.

여성 창업의 강점 :생활에서 문제를 발견하는 능력

여성 창업의 경쟁력은 거창한 기술이 아니라 생활에서 출발하는 문제 인식이다. 사용자의 불편을 감지하는 감수성, 소비자 중심의 서비스 설계, 협력 · 네트워크 기반의 비즈니스 문화와 같은 특성은 AI 시대에 더욱 높은 시장 적합성을 갖는다.

여전히 존재하는 장벽: 구조는 완전히 바뀌지 않았다

여성 창업 생태계는 성장하고 있지만 현실의 장벽 역시 여전하다. 1) 투자 편향: 전 세계 VC 투자 중 여성 창업자에게 가는 비율은 3% 미만이다. 2) 경력 단절의 반복 구조: 돌봄 부담이 개인 책임으로 남아 있다. 3) 기술 역량 격차: STEM 교육 접근성이 남성과 다르게 형성돼 왔다. 4) 사회적 편견: '여성 창업은 작은 사업'이라는 고정관념이 투자 · 협업 · 확장에 영향을 미친다.

기회는 늘었지만 표면 아래에는 여전히 불평등한 구조가 남아 있다.

글로벌 사례: 여성 기술 리더십의 확산

Fei-Fei Li(스탠퍼드 교수)는 AI 윤리 · 휴먼센터드 AI의 상징적 인물로, 여성의 기술 리더십이 STEM 교육과 산업 전반에 어떤 변화를 만드는지 보여 준다. Girls Who Code는 전 세계 100만 명 이상의 소녀들에게 코딩 교육을 제공하며 여성의 기술 진입 장벽을 낮추는 대표적 조직이다.

한국의 여성 핀테크 CEO들도 결제, 재무 관리, 중소 사업자 지원 플랫폼 등 실생활 기반의 디지털 금융 서비스를 선도하며 “여성 창업은 틈새가 아니라 트렌드”라는 메시지를 시장에 던지고 있다.

기술 기반 여성 경제 생태계는 개인의 선택에만 맡길 문제가 아니다. 디지털 교육, 돌봄 지원, 초기 창업 안전망, 투자 구조의 개선은 모두 공공 정책의 영역이다. 여성의 경제활동을 개인의 도전으로만 남겨둘 때, 성공은 예외가 되고 실패는 개인 책임으로 귀결된다. 반대로 이를 사회적 인프라로 인식할 때, 여성의 경제활동은 지속 가능한 성장 동력이 된다.

여성 창업은 성평등의 시험대

여성 창업은 단순한 경제 활동이 아니라 성평등의 시험대다. 여성이 기술의 주체로 설 때, 여성 경제는 비로소 지속 가능한 형태로 성장한다. 핀테크 · 헬스테크 · 케어테크 · 에듀테크에서 여성 창업이 빠르게 확장되는 것은 단순히 시장 변화가 아니다. 이는 디지털 시대의 성평등이 경제적 성공과 직결된다는 증거다.

기술 기반의 여성 경제 생태계는 여성 개인의 생존 전략이 아니라 새로운 사회 구조의 초입이다. 그리고 이 변화는 지금, 여성 스스로의 선택과 기술의 결합을 통해 만들어지고 있다.

여성이 기술을 통해 경제에 접속하는 방식은 곧 사회가 미래를 설계하는 방식이다. 플랫폼과 AI는 중립적인 도구가 아니다. 그것을 누구에게, 어떤 조건으로 열어두느냐에 따라 사회의 불평등은 강화되기도, 완화되기도 한다. 여성 창업과 프리랜서 확대는 기술의 부산물이 아니라 기술을 어떻게 사용할 것인가에 대한 집단적 선택의 결과다. 이제 질문은 "여성도 할 수 있는가"가 아니라, "이 구조가 더 많은 여성을 가능하게 하는가"로 옮겨가야 한다.

09
AI·기술·인간, 그리고 공정한 미래

"기술이 사회를 설계할 때, 평등이 그 도면이 되어야 한다."
AI는 더 이상 단순한 알고리즘의 집합이 아니다. 그 안에는 사회의 관점, 제도, 관계, 그리고 우리가 당연하게 여긴 '기준'이 함께 담긴다. AI는 단순한 기술이 아니라 사회의 가치관과 구조를 복제하는 체계다. 불평등을 바로잡는 일은 기술 교정만이 아니라 사회 구조를 함께 바꾸는 과정이다. 기술이 설계될 때 평등이 기본 원칙이 되어야 한다.

AI와 기자?

기술이 복제하는 사회:
알고리즘이 보여 주는 보이지 않는 기준

예시를 들어 보겠다. "손바닥에 그려진 작은 설계도."

하나의 알고리즘은 손바닥만 한 작은 설계도와 같다. 설계자의 의도, 데이터의 표본, 사회의 기준이 보이지 않는 먹줄처럼 그 안에 새겨져 있다. 설계도가 기울어져 있다면 건물 전체가 기울듯, 기술이 반영한 작은 편견 하나가 수백만 명의 삶을 바꿔놓는다.

AI는 객관적일 것이라는 환상을 쉽게 만든다. 그러나 알고리즘이 학습하는 대상은 언제나 '이미 존재하는 사회'다. 그 사회 안에 담긴 편견, 불평등, 왜곡된 기준은 데이터의 형태로 재구성되어 다시 사람들의 삶을 결정한다. 채용 알고리즘이 여성의 경력 단절을 감점 요소로 인식하는 문제, 의료 AI가 여성의 증상 데이터를 충분히 반영하지 못해 나타나는 진단 편차, 복지 시스템이 돌봄 노동을 비가시화하는 현상은 기술이 잘못 만든 결과가 아니라 사회가 가진 불완전한 구조를 그대로 반영한 결과다.

알고리즘의 문제는 편향이 존재한다는 사실보다 그것이 증폭된다는 점에 있다. 인간의 판단은 상황과 관계 속에서 수정되지만, 알고리즘은 한 번 학습한 기준을 반복적으로 적용한다. 과거의 불평등한 데이터가 입력되면 그 결과는 미래의 기준으로 고착된다. 이 과정에서 차별은 눈에 보이지 않게 자동화되고, 책임의 주체는 흐려진다. 사람의 판단이었다면 문제로 인식되었을 결정이 기술의 판단이라는 이유로 '중립'의 옷을 입는다.

공정한 기술을 만드는 힘:
설계 단계에서 '사람'을 다시 호출해야 한다.

예시를 들어 보겠다. "유리창을 닦아야 풍경이 바뀐다."

AI는 맑은 호수이자 반사되는 거울이다. 물결은 고요하지만 그 안에 비친 풍경은 숲의 결함과 그림자를 그대로 담아낸다. 우리가 보는 왜곡은 호수의 문제가 아니라 숲의 문제다. 기술이 바뀌기 위해서는 먼저 사회의 풍경을 손질해야 한다.

AI의 설계자는 단일한 개인이 아니다. 개발자는 모델을 만들고, 기업은 목적과 성과 지표를 설정하며, 정부는 규제와 정책의 틀을 제공한다. 시민은 데이터를 제공하고 기술의 결과를 수용한다. 이 모든 단계가 연결된 상태에서 어느 한 지점의 무책임은 전체 시스템의 불공정으로 이어진다. 따라서 공정한 기술은 '착한 개발자'의 문제가 아니라 다층적 책임 구조를 어떻게 설계하느냐의 문제다.

AI 시대의 공정성은 사후 교정이 아니라 사전 설계에서 출발한다. 기술이 사회의 기준을 자동화하는 장치라면, 그 기준을 재정의하는 과정이 더 중요해진다. 정책 결정 과정에 젠더 분석을 포함하는 것, 알고리즘 기반 평가 시스템의 투명성을 확보하는 것, 모든 시민의 디지털 문해력을 높이는 교육 구조를 마련하는 것, 취약 계층을 사각지대 없이 포착하는 데이터 설계는 기술 개발보다 먼저 논의되어야 한다.

기술은 공정성을 내재하지 않는다. 공정성은 기술이 작동하기 이전에 사회가 선택하는 가치다. 기술의 설계도는 결국 사람의 손에서 완성되며, 미래의 구조는 그 설계 단계에서 이미 방향이 결정된다.

젠더 감수성이 왜 기술 정책의 핵심이 되는가

AI는 공공 정책, 금융, 고용, 복지, 의료 등 삶의 전 영역에 적용되고 있다. 따라서 기술 정책이 젠더 정책과 만나지 않을 경우, 기술은 기존의 불평등을 비가시적으로 재생산하는 장치가 된다.

취업 · 승진 알고리즘에서 여성의 경력 단절이 '감점 요인'으로 자동 처리되는 문제, 의료 AI가 여성의 고통과 증상 패턴을 충분히 학습하지 못해 발생하는 진단 편차, 복지 AI가 돌봄 노동을 비가시화하여 정책 우선순위에서 배제되는 현상 등이 그 예다.

젠더 감수성은 외부에서 덧붙이는 윤리 장식이 아니다. 그것은 설계 단계부터 고려되어야 할 기준이며 기술의 정확도와 신뢰성을 높이는 핵심 요소다. 여성의 증상 데이터를 충분히 학습하지 못한 의료 AI는 단순히 불공정할 뿐 아니라 성능이 낮은 기술이다. 경력 단절을 고려하지 않는 채용 알고리즘은 인재를 놓치는 비효율적 시스템이다. 젠더 분석은 기술의 '도덕성'을 높이는 작업이 아니라 기술의 '완성도'를 높이는 과정이다.

이 모든 문제는 기술이 잘못된 것이 아니라 기술이 학습한 사회가 불완전하기 때문이다. 알고리즘이 공정해지려면 먼저 사회의 기준이 공정해져야 한다.

AI 시대의 공정한 미래: 기술·사회·인간이 함께 만드는 공동 프로젝트

예시를 들어 보겠다. "여러 개의 톱니가 맞물려야 시계가 움직인다."

AI 시대의 사회는 복지 · 노동 · 교육 · 돌봄이 맞물린 톱니바퀴와 같다. 하나의 톱니만 고쳐서는 시계가 정확히 움직이지 않는다. 모든 톱니가 조정될 때 비로소 전체가 균형을 찾는다. 기술 역시 사회 전체의 구조 속에서 함께 맞물려야 공정함을 만든다.

AI의 확산은 공정성의 문제를 어느 한 영역에만 묻지 않는다. 노동, 복지, 교육, 돌봄, 금융, 행정 등 사회의 모든 구조가 기술과 연결되며 그 속에서 불평등이 재구성된다. 따라서 공정한 미래는 단일한 기술 정책으로 구현되지 않는다. 복지는 데이터의 설계 방식에 따라 다른 결과를 만들고, 노동은 알고리즘의 평가 기준에 따라 경로가 달라지며, 교육은 디지털 역량에 따라 기회의 폭이 결정된다. 이 세 영역이 함께 조정될 때 비로소 기술은 사회의 균형을 맞추는 장치가 된다.

AI 시대의 공정성은 주어지지 않는다. 그것은 사회가 함께 설계하고, 점검하고, 계속 고쳐 나가야 하는 공동의 프로젝트다. 기술이 사회를 설계한다면, 그 도면을 그리는 책임은 결국 우리 모두에게 있다.

공정한 기술을 위한 사전 설계에는 몇 가지 최소 조건이 필요하다. 첫째, 데이터 수집 단계에서 누락된 집단이 누구인지 점검해야 한다. 둘째, 알고리즘의 판단 기준과 가중치를 설명할 수 있어야 한다. 셋째, 피해가 발생했을 때 이의를 제기하고 수정할 수 있는 통로가 보장되어야 한다. 마지막으로, 기술의 영향을 받는 당사자가 설계 과정에 참여할 수 있는 구조가 마련되어야 한다. 이 조건들은 이상이 아니라 공공 기술이 갖춰야 할 기본 사양이다.

기술 문해력: AI 시대, 시민의 새로운 권리와 책임

우리는 지금 '알파고 쇼크'라는 단어로 기술의 진화를 이야기하던 시대를 넘어, AI가 우리의 일상과 사회 구조 깊숙이 스며드는 시대를 살아가고 있다. 과거의 문해력이 글을 읽고 쓰는 능력으로 정보를 습득하고 소통하는 기본 역량이었다면, AI 시대의 기술 문해력은 단순한 도구 사용법을 넘어선다. 그것은 기술의 작동 원리를 이해하고, 그 기술이 사회에 미치는 영향을 비판적으로 사고하며, 나아가 기술의 방향성에 적극적으로 참여할 수 있는 시민적 역량이다.

지도가 없으면 길을 잃듯, 기술 문해력은 AI 시대의 나침반이다.

기술 문해력은 AI가 던지는 질문에 답하고, 기술이 그리는 미래를 함께 그려나갈 수 있는 유일한 나침반이다. 기술의 블랙박스 뒤에 숨겨진 알고리즘의 편향을 알아차리고, 데이터의 그림자를 읽어내며, 거대 기술 기업의 이윤 추구가 공공의 이익과 충돌할 때 목소리를 낼 수 있는 힘이다. 이는 개인이 기술의 피해자가 아닌 주체적인 참여자로 서기 위한 필수 조건이자, AI 시대에 새롭게 정의되는 시민의 권리다.

예를 들어, 챗봇이 생성한 정보가 때로는 편향되거나 허위 정보를 포함할 수 있음을 이해하는 것, AI 기반의 채용 시스템이 특정 집단에 불리하게 작용할 가능성을 인지하고 문제를 제기하는 것, 개인 데이터가 어떻게 수집되고 활용되는지 알고 자신의 동의 여부를 결정하는 것은 모두 기술 문해력의 영역이다. 이러한 문해력 없이는 우리는 기술이 제시하는 '편리함'이라는 환상에 갇혀, 자신도 모르게 불평등한 시스템의 일부가 될 수 있다.

기술 문해력은 또한 시민의 책임이다. 기술의 발전이 특정 전문가 집단의 손에만 맡겨져서는 안 되며, 사회 전체가 기술의 설계와 운영 과정에 대한 이해를 높이고 감시해야 한다. 정부는 투명한 기술 정책을 수립하고 교육 시스템을 통해 시민의 기술 문해력을 향상시켜야 하며, 기업은 알고리즘의 투명성을 확보하고 사회적 책임을 다해야 한다. 그리고 시민 스스로는 기술에 대한 학습을 게을리 하지 않고, 기술의 긍정적인 활용 방안과 함께 잠재적인 위험성을 끊임없이 질문해야 한다.

AI 시대의 기술 문해력은 단순히 개인의 경쟁력을 넘어, 사회의 공정성과 민주주의를 지키기 위한 핵심 역량이다. 기술이 만들어 내는 새로운 사회 계약 속에서, 우리는 기술 문해력을 통해 단순한 사용자를 넘어 기술의 설계자이자 평가자, 그리고 미래를 만들어가는 공동 창조자가 되어야 한다. 기술은 결국 인간의 손에 의해 만들어지고 활용되므로, 그 기술이 어떤 미래를 가져올지는 우리 각자의 기술 문해력에 달려 있다.

기술은 그 자체로 중립이 아니다.
우리가 중립을 설계해야 한다.

공정한 AI를 만드는 일은 완벽한 알고리즘을 찾는 일이 아니다. 불완전함을 인정하고 계속 수정할 수 있는 구조를 만드는 일이다. 사회는 변하고, 데이터는 늙으며, 기준은 다시 질문되어야 한다. 공정성은 한 번 설계로 완성되지 않는다. 점검과 개입, 그리고 집단적 감시가 반복될 때 비로소 유지된다.

AI가 설계하는 미래는 자동적으로 정의롭지 않다. 기

술을 만드는 사람, 기술을 평가하는 제도, 기술을 사용하는 사회가 어떤 가치를 선택하느냐에 따라 미래의 공정성은 달라진다.

AI 시대의 시민은 더 이상 기술의 수동적 사용자에 머물 수 없다. 우리는 데이터를 제공하는 존재이자, 정책의 영향을 받는 당사자이며, 동시에 기술의 기준을 요구할 권리를 가진 주체다. 기술을 '이해하지 못하니 맡긴다'는 태도는 편리하지만 위험하다. 디지털 문해력은 단순한 사용 능력이 아니라, 기술이 사회를 어떻게 재구성하는지 질문할 수 있는 힘이다.

AI 시대의 평등은 자연스럽게 주어지지 않는다. 우리가 설계하고, 점검하고, 계속 고쳐 나가야 하는 사회적 프로젝트다.

10
인간의 미래, 여성의 길

"기술이 만든 세상 속에서도, 세상을 지탱하는 것은 여전히 인간이다."
AI는 노동을 대체하는 기술이 아니라 인간 역량을 재정의하는 기술이다. 직업 구조는 변하지만 동시에 새로운 기회도 열린다. 자동화의 파도 속에서 일부 직종은 감소하거나 형태가 바뀌지만, 동시에 새로운 역할과 기회도 열린다. 여성은 기술 변화의 수동적 대상이 아니라 미래를 능동적으로 설계하는 주체로 자리 잡아가고 있다.

AI와 미래 의사?

AI 시대, 여성의 역할을 다시 묻다: 기술 전환의 파도에서 주체로 서기

AI가 일상의 구조를 바꾸어놓은 지금, 여성에게 주어진 질문은 단순히 "어떤 직업이 유망한가"가 아니다. 기술의 수혜자나 피해자로 남을 것인지, 아니면 변화의 설계자로 나설 것인지에 대한 보다 본질적인 물음이다. 산업화 시대가 '노동력'의 재편을 요구했다면, AI 시대는 '지적 참여 방식'의 전환을 요구한다. 이 거대한 전환기에서 여성의 역할은 주변부가 아니라 중심을 향해야 한다.

기술 문해력: 알고 쓰는 사람이 아니라 '이해하는 사용자'로

AI는 특별한 전문가만이 다루는 기술이 아니라 누구나 일상을 설계하는 도구가 되었다. 지금 필요한 것은 '프로그래머형 전문성'이 아니라 '기술의 원리를 이해하고 목적에 따라 활용하는 능력'이다. 삽화처럼 떠올려보면, AI는 주방의 새 도구와 같다. 모양만 보면 복잡해 보이지만, 원리를 이해하면 어떤 요리든 훨씬 빠르고 정교하게 만들 수 있다. 도구가 어렵기 때문이 아니라 목적 없이 잡으면 어렵게 느껴지는 것이다.

많은 여성들이 이미 일상에서 AI를 사용하고 있다. 그러나 '어떻게 작동하는가', '어떤 데이터가 필요한가', '어디까지 신뢰해야 하는가'를 이해하는 사람은 그렇게 많지 않다. 기술 문해력의 핵심은 복잡한 전문 지식이 아니라 "AI를 어떤 방식으로 나의 문제 해결에 연결할 것인가"를 스스로 판단할 수 있는 힘이다. 이는 소비자로 머무를 것인지, 아니면 기술 시대의 주체적 사용자가 될 것인지의 갈림길이다. 이는 특정 직종의 문제가 아니라, 돌봄 · 교육 · 자영업 · 프리랜서 등 거의 모든 여성 노동 영역에 해당한다.

감정·의사 결정·조정 능력: 기계가 대체하지 못하는 고유 영역

AI가 언어를 생성하고, 이미지를 만들고, 반복 업무를 대신하는 시대일수록 '기계가 할 수 없는 것'이 인간의 경쟁력으로 부상한다. 그중에서도 여성들이 오랫동안 사회에서 체득해 온 능력인 관계 조장, 미세한 감정 신호 감지, 복합 상황에서의 균형 잡힌 판단은 오히려 큰 가치를 갖는다.

예시를 들자면, AI는 지도(map)를 제공하지만 여성은 그 지도를 보고 길을 선택하는 사람에 가깝다. 지도는 길을 보여줄 수 있지만 어느 길이 더 안전하고, 누구에게 적합하고, 어떤 결과를 만들지 판단하는 능력은 기계가 흉내 낼 수 없다.

이를 활용한 실제 변화도 이미 나타나고 있다. 교육 분야에서는 상담 · 코칭 · 학습 전략 설계 등 '설명 · 조정 · 해석' 중심 직무가 확대되고 의료 · 케어 산업에서는 감정과 상황을 통합적으로 판단하는 역할이 요구되며 조직에서는 다양성과 협력의 가치를 이해한 리더십이 중시되고 있다.

이 능력은 자연 발현되는 것이 아니라 제대로 구조화하고 직무화할 때 전문성으로 인정받는다. 따라서 여성은 자신의 감정 · 조정 능력을 '재능'이 아닌 기술 시대의 핵심 역량으로 재해석해야 한다. "그동안 '부가적 역할'로 분류되던 이 능력은 이제 성과의 중심으로 이동하고 있다."

자기 삶의 설계자로서의 참여:
개인의 경험을 사회적 지식으로 변환

AI 시대의 새로운 흐름 중 하나는 개인의 경험이 사회적 가치로 전환되는 과정이 빨라졌다는 점이다. 관계, 돌봄, 생활 기술, 소비 패턴 등 구체적 경험은 데이터 · 콘텐츠 · 서비스로 재가공될 수 있다.

여성의 삶은 '하나의 작은 이야기'가 아니라 대규모 사회 데이터를 이루는 유의미한 점 하나다. 예전에는 이 점이 연결되지 않았다면, 지금은 AI가 그 점들을 연결해 패턴을 찾아내고, 새로운 산업의 씨앗으로 만든다.

사례로 보면, 생활 속 불편을 개선한 앱 서비스, 돌봄 경험을 구조화한 교육 콘텐츠, 지역 생활 정보나 여성 건강 데이터 기반 커뮤니티 등이 하나의 창업 모델로 성장하고 있다.

여성의 일상 경험이 직접적으로 '산업의 재료'가 되는 시대가 열린 것이다. 이 과정에서 중요한 것은 "내 경험을 어떻게 구조화해 지식으로 바꿀 것인가"에 대한 능력이다. 즉, 단순한 참여자가 아니라 자신의 삶을 사회적 지식으로 확장하는 설계자로 서는 것이다. 이는 거창한 창업이 아니라 자신의 경험을 설명 가능한 구조로 만드는 일에서 시작된다.

공동체적 리더십: 변화의 방향을 제시하는 역할

기술은 중립적으로 설계될 수 있으나 기술이 사회에 어떤 영향을 미칠지는 '사용하는 사람들의 선택'에 달려 있다. 그 선택의 과정에서 여성의 리더십이 더욱 중요해지고 있다. 삽화로 표현하면, AI가 거대한 물살을 만들어 낼 때, 여성은 배를 조종하는 키를 잡는 사람이다. 흐름을 막을 수는 없지만 흐름의 방향을 바꿀 수는 있다.

커뮤니티 운영, 교육 프로그램 기획, 자원 연결, 지역 기반 디지털 프로젝트 등은 모두 작은 규모의 리더십이지만 큰 파급력을 가진 영역이다. 여성들이 본능적으로 가진 협력적 리더십은 기술 시대의 혼란 속에서 방향성과 안정감을 제공한다. 문제는 여성이 준비되어 있는가가 아니라 사회가 그 준비된 역량을 받아들일 구조를 갖추고 있는가다.

AI 시대, '자신을 확장하는 방식'의 싸움

AI 시대에 여성에게 필요한 것은 더 많은 스펙이 아니라 자기 확장의 관점 전환이다.

기술을 이해하는 사용자로 설 것, 감정 · 조정 능력을 핵심 역량으로 재정의할 것, 삶의 경험을 사회적 지식으로 전환할 것, 협력적 리더십으로 공동체의 변화를 이끌 것. 이 네 가지는 AI 시대에 여성들이 스스로를 '주체'로 세우는 가장 현실적이며 실천적인 방법이다.

AI는 선택을 강요하지 않는다. 하지만 선택을 미루는 사람은 흐름에 휩쓸리고, 선택하는 사람은 그 흐름을 바꾼다. 여성의 역할은 바로 그 지점, 흐름을 읽고 방향을 만들어 내는 지점에 있다.

"기술은 미래를 만들고, 여성은 미래를 완성한다."

AI가 설계한 세상 속에서 모든 것을 지탱하고 연결하는 마지막 축은 인간이다. 기술로 인해 직업의 형태는 바뀌어도, 타인을 돌보고 이해하며 관계를 만드는 능력은 사라지지 않는다. 여성의 길은 기술의 시대에 후퇴하는 길이 아니라 새로운 미래의 중심으로 이동하는 길이다.

젠더 감수성은 선택 아닌 규범적 기준

AI와 여성의 사회 진출이라는 제목을 놓고 장장 10장에 걸쳐 기술 전환기, 여성 역량의 구조적 재배치를 위한 제언으로 마침을 고한다.

AI는 기술 그 자체의 진보가 아니라 사회의 구조와 가치 체계를 재편하는 힘이다. 이 전환기에서 여성의 역할은 주변적 선택이 아니라 필수적 구성 요소다. 여성을 독려하는 글이 아니라 기술 전환기의 기준을 다시 설정하는 글이라 명명한다.

기술 시스템은 역사적으로 축적된 편향을 학습하며, 그 결과는 노동 · 돌봄 · 정책 전반에서 젠더 격차를 재생산할 위험을 지닌다. 따라서 기술 개발, 데이터 거버넌스, 평가 체계 전반에서 젠더 감수성은 정책의 선택 사향이 아니라 규범적 기준이 되어야 한다.

여성의 사회·감정·돌봄 경험은 디지털 전환의 핵심 영역인 협업, 사용자 경험, 인간 중심 설계(HCD), 공공 서비스 혁신에서 중요한 자원이다. 이 책에서 다룬 다양한 사례는 여성의 경험이 산업적·사회적 가치로 전환될 수 있음을 보여 준다. 이는 개인적 능력의 문제가 아니라 사회가 경험을 어떻게 제도화하고 지식으로 승인하는가의 문제로 확장되어야 한다.

AI 시대의 평등은 자동적으로 주어지지 않는다. 기술 정책, 노동 정책, 돌봄 정책, 교육 제도는 새로운 기준을 요구한다. ① 데이터 공정성, ② 기술 개발 과정의 성별 다양성, ③ 사회적 경험의 가치 승인을 포함한 제도 설계가 필수적이다.

결국 기술이 향하는 방향은 사회가 선택한 가치에 의해 결정된다. 여성의 참여는 기술을 위한 부속적 요소가 아니라 공정하고 지속 가능한 사회 구조를 설계하기 위한 핵심 인프라다.

AI 시대의 미래는 기술이 만드는 것이 아니라 그 기술을 어떤 기준으로 설계하고 점검하는지에 의해 결정된다. 여성의 관점은 그 기준을 재정의할 수 있는 중요한 지적 자원이다. 이 책의 논의가 그러한 전환을 위한 기초

자료로 기능하기를 바란다.

참고문헌

고용노동부(2024). “AI·디지털 전환기 노동정책 가이드라인”.

과학기술정보통신부(2024). “대한민국 인공지능 전략 업데이트”.

김난도 외(2023). 《트렌드 코리아 2024》. 미래의창.

디지털포용뉴스(2025.9.16). “AI 확산, 여성 고용의 기회가 되다”.

리처드 서스킨드·대니얼 서스킨드(2016). 《전문직의 미래》. 위대선 옮김. 와이즈베리.

한국고용정보원(2024). “미래 직업 전망”.

한국노동연구원(2023). “디지털 전환과 노동시장 구조 변화”.

한국여성정책연구원(2022). “AI 시대 여성 노동의 변화와 정책 방향”.

Autor, D. H.(2015). Why are there still so many jobs? The history and future of workplace automation. *Journal of Economic Perspectives, 29*(3), pp.3~30.

Brynjolfsson, E. & McAfee, A.(2014). *The Second Machine Age.* W. W. Norton & Company.

Criado-Perez, C.(2019). *Invisible Women: Data Bias in a World Designed for Men.* Vintage.

EU High-Level Expert Group on AI(2019). Ethics Guidelines for Trustworthy AI.

Frey, C. B. & Osborne, M.(2017). The future of employment. *Technological Forecasting and Social Change, 114,* pp.254~280.

Gilligan, C.(1982). *In a Different Voice.* Harvard University Press.

Harari, Y. N.(2017). *Homo Deus: A Brief History of Tomorrow.* Harper.

Hochschild, A. R.(2012). *The Managed Heart.* University of

California Press.
ILO(2019). Work for a Brighter Future.
Jobin, A. et al.(2019). The global landscape of AI ethics guidelines. *Nature Machine Intelligence, 1*, pp.389~399.
OECD(2018). Bridging the Digital Gender Divide.
UN Women(2019). Gender dimensions of the guiding principles on business and human rights.
UN Women(2022). *Gender Analysis in Digital Inclusion: Guidance Note.*
UNESCO(2023). Recommendation on the Ethics of Artificial Intelligence.

김해숙

너답뉴스(YoudabNews)의 창업자이자 대표다. 일상 속 작은 실천이 사회적 가치를 만들어 낸다는 신념으로 사회공헌 연구를 시작했고, 이를 기반으로 신문을 창간했다.

코로나 이전, 금융 강사로 활동하며 4차 산업혁명, 미래예측, 블록체인 등을 강의했고, '미래를 준비하는 사람들' 포럼을 운영하며 다양한 사회적 논의를 이끌었다. 2016년부터 2021년까지는 들빛연구소 소장으로 지역 기반 교육·연구 프로젝트를 주도하며 현장 중심의 활동을 펼쳤다. 2C18년에는 에스토니아를 방문해 블록체인 기술을 검증했다. 서울벤처대학원대학교에서 경영학 석사 학위를 취득하며 산업융합 분야를 연구했고, 코로나 이후에는 지역신문에서 활동한 뒤, 2021년 1인 창업 언론 너답뉴스를 창간했다.

AI 시대의 여성 역할, 기술 전환기 노동 변화, 일상과 삶의 의미 등 다양한 주제를 깊이 있게 다루며, 여행과 기록에도 몰두하고 있다. 주요 저서로는 《유망직업 미래지도》(공저, 2018), 《남원에서 살아보기》(공저, 2020), 《미래, 준비하는 사람들의 이야기》(공저, 2017)가 있다.